週1時間で月収5倍の家賃収入！「片手間」投資

「精神科医のアパマン経営」メルマガ発行人
サイコ大家

はじめに

本書『「片手間」投資』を手に取ってくださって、ありがとうございます。

この本では、文字通り、本業を大切にしながらも、「片手間」で不動産投資を進めていくための方法を解説していきます。「片手間」といっても、決して半端なやり方、いい加減な投資法ではありません。**手間は最小限に抑えつつ、最大限の効果を見込む投資法**です。

おかげで私はここ4年の間に、5棟のアパート、マンションなど、戸数にして102戸の収益物件を所有していますが、今では**不動産賃貸業にかける時間は、週に1時間**もありません。満室時の年間家賃収入は5000万円以上。**本業の給与収入の5倍程度**はあります。

私の本業はというと、病院の勤務医です。精神科医（psychiatrist）をしながら、大家業を営んでいます。ペンネームの「サイコ大家」は、精神、心理を示す頭語である「psycho（サイコ）」と「大家」を組み合わせたものです。

私は精神科の科長としてそれなりに忙しく働き、1週間のうち、まるまる休みが取れるのは1日だけ。その休日はできるだけ家族サービスに充てています。普段は仕事に精を出し、たまの休みに妻や2人の子どもたちと過ごす私は、一般的な「働くお父さん」のライフスタイルを送っています。

ただ、私が普通の人とちょっと違うところは、妻には内緒で（借金をして収益物件を買っているというと驚かせてしまいそうなので……）、102戸の収益物件を所有するようになったことでしょう。

私は医師としての定収がありますが、勤務医で飛びぬけて高収入というわけではありません。最初に収益物件を購入したときには、自宅を購入したあとでもあり、手持ち資金は200万円だけでした。

本書でみなさんにお伝えしたいのは、**年収がいい人（給与所得で600万円以上を想定）にはいい人なりの、それほどではない人にはその人なりの不動産投資の戦略**があるということです。

もちろん、収入がたくさんあって資金も潤沢な人のほうが投資を始めるには、恵まれています。しかし、そういう人はえてして本業が忙しく、自分自身で勉強したり調査したり交渉したりする、時間的な余裕には恵まれていないかと思います。

不動産投資は、何もかもを人任せにして成果を出せるほど、甘いものではありません。

いえ、正確にいえば、人任せにしていい部分と、事業経営者として自分で決めなければならない部分というのが、はっきり決まっています。**自分で集中してやらなければならないのは、事業経営者として方針を立てること、いい物件を買うこと**です。投資の入口として物件を買い、その物件を高稼働させるために、管理会社などの外注業者に指示を出します。そして、物件探しだけはある程度の時間をかけて、かつ楽しく実行します。

本書で解説していくのは、忙しい人でも、本業を大事にしつつ実践できる「片手間」投資のノウハウです。**本業という生活の基盤を大事にして、そのうえで不動産投資のプロフェッショナルとして、効率よく活動できるための方法**です。

ここでいうプロフェッショナルとは、「不動産賃貸業者」として、事業の関係者（特に銀行）がプロとして認めてくれるレベルを指します。つまり、人が認めるプロフェッショナルになることが目標です。

本書では、私が試行錯誤をしながら身につけた「片手間」投資のノウハウを、余すところなくまとめました。私は物件を増やしていく中で、最初は壁にぶつかり、回り道をした経験があります。今、思い出すと、「なぜあんな物件を買ってしまったんだろう……はてさて？」と、思えるものまで勢いで買ってしまったこともありました（64ページで紹介）。

本書に書いてあるノウハウを当時から知っていれば、もっと早く（おそらく1・5倍くらいのスピードで⁉）今のレベルにまで到達できたはずなのに……。そういった私の教訓も含めて、「手間は最小、成果は最大」の投資スタイルを提供していこうと思います。

読者のみなさんには、ぜひこの本の投資法を実践してもらい、本業や家族と過ごす時間も大切にしてほしいと願っています。

本書があなたの不動産投資での成果や、豊かな生活、プライベートの充実につながるよう、お手伝いができれば幸いです。

◎「片手間」投資のメリット

①「片手間」でも、金融機関からは不動産賃貸業のプロフェッショナルとして見られる

⬇ 金融機関から融資を受けやすい

②一物件にかける手間や時間が最小なので、結果的に多くの物件を維持できる

⬇ 事業の拡大がしやすい

③手間は最小、成果は最大！

⬇ 会社員などの本業と不動産賃貸業の両立ができる

本題の前に——私が不動産投資を目指したわけ

私は1970年代に、中部地方の田舎町で生まれました。父の稼ぎが少なく、母は専業主婦のため、生活は質素。通った学校はすべて国公立のみ。大学では奨学金を借りながら、医学部に進みました（医師になるよりも精神医学を学びたかったのです）。

大学時代は、居酒屋、披露宴のウエイター、牛丼屋、カレー屋、家庭教師、ピザ宅配など、アルバイトざんまい。どの仕事も楽しかったですし、「お金がないから、バイトして稼ぐぞ！」と前向きな気持ちでした。大学生まで裕福でない生活をしていたせいか、今でも、お金がないならないなりに楽しく暮らす自信はあります。

大学の4年生までアルバイトで学費や生活費を稼ぎながら、6年間かけて通学し、最終的には医学部の修業年限である6年間を数年オーバーして卒業。国家試験に合格して医師になりました。

ここまでの話で、私が資産家でもなく、投資ともまったく無縁であったことがおわかりいただけたでしょう。精神科医の仕事が生活の中心だった私ですが、2005年に自宅用の土地を探したことから、不動産に興味を持つようになりました。

その頃は、兼業主婦の妻と長男と私の3人暮らしで、賃貸住宅では手狭でしたし、どう

著者所有の不動産物件

2件目の札幌市のマンションの外観

3件目の札幌市のマンションの室内。一部の部屋はデザイナーズ仕様

4件目の岐阜市のマンションの外観

6件目の伊勢市のアパートの外観

私の不動産投資の変遷

購入年月 （購入時の築年）	所在地 （種別・間取り・世帯数）	購入価格	満室想定 家賃年収
2007年11月（築30年）	愛知県某市 （木造戸建・4LDK×1戸）	1100万円	60万円
2009年4月　（築21年）	北海道札幌市 （RC造・2DK×23戸）	1億400万円	1300万円
2009年6月　（築20年）	北海道札幌市 （RC造・1DK×10戸、2DK×16戸）	1億4000万円	1600万円
2010年7月　（築18年）	岐阜県岐阜市 （重量鉄骨造・1LDK× 1戸、 1ルーム×10戸、店舗×1戸）	3000万円	500万円
2010年3月　（築24年）	三重県鈴鹿市 （RC造・3DK×30戸）	8500万円	1600万円
2011年10月（築18年）	三重県伊勢市 （軽量鉄骨造・1K×10戸）	1200万円	300万円

合計102戸。満室想定の家賃収入が年間5360万円
物件取得価格が3億8200万円（諸費用は別）
表面利回りは合計平均14%

せ引っ越すなら一戸建てを造ろうと考え、たくさんの不動産資料を見て、現地に赴き、土地相場がだんだんとわかるようになっていきました。

ある日、新聞を開くと小さな広告で、希望エリアに格安（相場の3分の2くらい）の土地が売りに出されているのを発見。仲介業者に安さの理由をたずねたところ、「現地までの道が狭く大通りから入りづらいのと、相続された土地で現金化するために売り急いでいる」との回答でした。

土地や環境はとても気に入りましたので、いいタイミングだと判断して、即決。それからは、モデルハウス巡りをしたり、自分でも間取りの設計をしたり、ＲＣ（鉄筋コンクリート）造、鉄骨造、木造などの建築構造の違いや、第一種住居地域や市街化調整区域といった土地に関する制限など、住宅建築に関することはなんでも勉強しました。

さて、土地を安く買って住宅建築の知識も増え、いよいよ家を建てようかと思っていた頃、妻と相談して状況が変わりました。大した理由はなかったのですが、違う土地に住みたいという妻の希望が出てきて、結局はマンションを買うことになったのです。すでに買っていた土地は売却して４００万円程度の利益が出ました。

この土地売買の経験を通じて、「不動産を安く購入しさえすれば、貸しても売っても利益が出るんだな」と感じました。そして、これが私の不動産投資の振り出しです。

目次

はじめに……2
本題の前に――私が不動産投資を目指したわけ……6
不動産投資の流れをつかめ！……14
「片手間」投資でプロ化を目指す道のり……22

step 1 あなたに合う不動産投資の初期戦略とは？……23
1 あなたのタイプ別、不動産投資の初期戦略……24
2 給与年収600万円以上の人のスタート方法……26
3 年収600万円未満、または個人事業主の場合……30
4 日本政策金融公庫を活用しよう……33

step 2 物件タイプごとの投資テクニックをつかめ！……37
5 どんな構造の建物を選ぶといいか？……38
6 軽量級物件に投資するポイント……42
7 築年数の違いによる投資テクニック……44

8 都会か地方かの違いによる投資テクニック……50
9 人口10万人以下、投資困難エリアでの戦略……55
10 間取り選びは単身者向けか、ファミリー向けか……57
11 こんな条件の区分所有物件ならば買ってもよし……61
耳寄りコラム1 実は区分所有を購入……私の失敗体験……64

step 3 不動産賃貸業の「プロフェッショナル化」作戦

……65
12 最初はローリスクミドルリターンを狙え……66
13 融資につなげる2つの評価を重視せよ……73
14 初めの一歩、スルガ銀行の活用法……79
15 次に狙うのは、ミドルリスクハイリターン……81
16 「攻め」と「守り」の投資を知りなさい……86
17 「安くて資産価値の高い物件」を作り出す!……88
18 知る人ぞ知る任意売却の情報をつかむ……93

step 4

賃貸経営の鍵は管理会社とのパートナーシップ……97

19 物件管理は管理のプロに任せなさい……98
20 この質問で信頼できる管理会社がわかる!……102
21 リフォームはどこに依頼するのがベストか……105
22 ツテがなくても優良管理会社を見つける方法……107
23 管理会社といい関係を築く7つのノウハウ……112
24 遠方物件の購入が心配な大家さんへ……119
25 入居者増、退去者減の家賃設定の極意……121
26 入居希望者に情報を届ける「マーケティング」……127
27 空室対策コンサルタントの凄腕テクニック……132
28 募集する入居者の層を想定しておく……137
耳寄りコラム2 物件情報は元付業者に当たるべし……140

step 5
上手に節税！ 不動産投資は税金との戦い……141
29 払い過ぎた税金を取り戻すために……142
30 三大経費のひとつ「減価償却費」を知っておく……146
31 銀行に支払う利子と実質上の利子が違うわけ……151
32 経費化できる税金「租税公課」を知っておく……155
耳寄りコラム3 細かな節税は税理士にお任せを……158

step 6
不動産投資を長く楽しく！ 「知っ得」応用編……159
33 戸建や区分所有への投資を組み合わせる……160
34 配偶者に知られずに不動産投資を行う……167
35 不動産投資の仲間を増やしていこう……171
36 関係業者との結びつきを強めていこう……175

step 7 法人化して、さらなる拡大路線を目指せ！……177
37 どんな法人を設立すればいいのか？……178
38 費用や依頼の仕方は？ 設立までの手順……181
39 資産管理法人を設立する際の注意点……184
40 法人化して不動産賃貸業を行う意味……193
41 事業拡大や社会的信用のために法人化する……198
42 法人はどのように融資を受けるのか？……200
43 法人の税務、節税は「青色申告」で行う……206
44 法人を利用して節税する3つのポイント……211
45 収益物件ごとに法人を設立するメリット……217
耳寄りコラム4 法人の維持費はどれくらいかかる？……221
おわりに……222

不動産投資の流れをつかめ！

ここでは、不動産投資家としてスタートラインに立つまでの流れを紹介します。収益物件を探して手に入れるまでをイメージしてみましょう。

1．収益物件を探そう

家や部屋を人に貸して家賃収入を得るための不動産を「収益物件」もしくは「収益不動産」といいます。それを探すには、収益物件の検索サイトを利用するのが、簡単な方法です。

実際、私自身も左ページ下の3つのウェブサイトを用いて物件を探しています。現在所有している5棟のうち、2棟についてはこれらのサイトで見つけました。**気になる物件があれば、どんどん掲載元の不動産業者に問い合わせをして、まめに物件情報を得る**ようにしてください。

その際に、私は必ずレントロール（貸借条件一覧表）と固定資産税評価（75ページ）がわかる書類のコピーを取り寄せるようにしています。この2つがあれば、おおむねその物件の収益レベルと資産価値レベルの評価ができます。

2.よさそうな物件を見つけたら

不動産投資家にとっての**「いい物件」とは、収益を生み出す物件**です。地方の片田舎にあろうがボロボロの築古物件であろうが、収益を生み出すのであればいいのです。逆に、華やかな都会にあって立派な外観や美麗な室内でも、儲からないのでは「悪い物件」です。

参考までに、私自身が収益物件を探すための条件を次ページに4つ、挙げておきます。

これらの条件は必要条件であって、最低限このレベルでないと、収益を出すことが難しいと思っています。あなたにとっての「いい物件」とは何か、この本を読み進めたりたくさんの物件情報を

三大収益物件の検索サイト

健美家 http://www.kenbiya.com

価格帯やアパート、マンションなどの種類別、
利回り15%以上などの条件検索に優れている。

不動産投資連合隊 http://www.rals.co.jp/invest

物件情報とともに、仲介手数料や満室時想定年収、
利回り、所在地などの一覧性に優れている。

楽待 http://www.rakumachi.jp

「買いニーズ」を登録することにより、
欲しい物件タイプの情報が「楽」に「待」っていて届く。

集めたりすることで、徐々にイメージできるようにしていってください。

そうして、情報を集め、いい物件と判断したら、必ず現地に見に行きます。お勧めは、**仲介や売主の不動産業者と現地で集合し、室内も含めてチェック**をすることです。やむを得ず不動産業者と会えなくても、最低限、現地には行って自分の目と足で確かめます。また可能であれば、日中と夜間に行ってみましょう。周辺の状況は曜日や時間、天候によっても違います。行けば必ず何かしら重要な発見があるものです。

3．買付証明書を出す

そうして、「いい物件」に出合ったら、まずは購入する意思を仲介の不動産業者に伝え、同時に買付証明書を提出します。これは「○○万円で買います」ということを明確にする文書です。

私が考える「いい物件」の必要条件

❶ 投資のメインは、ファミリー向け物件
（単身者向け物件の場合、近くに大学があるなど、入居募集に困らない物件）

❷ 土地・建物の銀行からの評価額が、売価よりも高い物件

❸ 表面利回り※が、RC造で12％以上、鉄骨造で15％以上

❹ 融資の返済金額が家賃収入の60％以下、理想は50％以下

※表面利回り（％）＝年間家賃収入÷物件購入価格×100

その文書に名前、住所、購入希望価格などを記入して、FAXやメールで送ります。しかし、買付証明書を出したからといって、その物件をあなたが必ず購入できるわけではありません。あくまで、購入するための交渉に立つ権利を得たという段階です。

買付証明書自体には、法律的な根拠や違反したときの罰則などはありませんが、**一度出した買付証明書を取り下げることは、投資家としてのマナーに反します。**それをすると以降、その不動産業者は相手をしてくれなくなると心得てください。

また、価格交渉で最終的に決め手となるのは買付証明書に記す金額となりますから、気をつけてください。例えば、「5000万円で購入する」と買付証明書で明示したあとに、「やはり4500万円で購入したい」と言い出すのはマナー違反です。

かなり条件がいい物件だと、早くに買付証明書を提出しても2番手、3番手となることがあります。同じ条件であれば早くに提出したほうが有利に働きますが、購入希望者の状況や条件が重要視されますから、1番手でなくてもあきらめる必要はないと思います。

4. 売買契約をする

買付証明書を提出し、売主もあなたへの売却を希望すると、売買契約へと進みます。

この契約では、お互いの条件を確認し合い、それを書面に明示して署名と押印をします。

契約書の内容でわからない点があれば、遠慮なく不動産業者にたずねてください。不動産の取り引きは、最初は不慣れなことが普通です。売買契約のときに納得できない点があれば、その場で契約内容を修正してもらうことも可能なので、尻込みせずに確認してください。

融資を利用する場合には、**「ローン特約」**を必ず付けます（買付証明書を出す際に付けておいてもいいです）。これは、ローンを利用することを前提に物件を購入する場合にのみ付けておくもので、ローンの承認が得られなかったら、その契約が白紙解除されるという特約です。通常は、契約から1ヵ月間や2ヵ月間と有効期間を設けます。

契約するときには、手付金を用意します。**手付金は、売買価格の5～20%が普通で、10%程度が相場**と考えてください。手付金を10%すら用意できないのでは、投資家としては資金不足だと思いますが、売主が了解してくれれば5%程度でも可能です。

なお、買主は売買契約をしたあとでも手付金放棄によって契約を破棄できますし、売主も手付金の2倍を買主に払えば契約を白紙にできます。買主が用意する手付金が高ければ、売主に対してより大きな制約をかけることになります。

5. ローンの申し込みをする

もしも、売買契約を結んだ時点で融資のめどが立っていないのであれば、その**契約書と物件の資料を持って、金融機関を回らなくてはなりません。**スルガ銀行やオリックス銀行の「アパートローン」(26ページ）などの場合は、不動産業者が融資の準備を手伝ってくれることもあります。

金融機関を回る場合は、紹介があったほうがベターで、特に、その金融機関で収益物件購入のローンを受けたことのある人からの紹介があるとベストです。

融資の申し込みは、ひとつの金融機関だけでなく、2つでも3つでも申し込みをしておいたほうがいいかもしれません。というのも私の経験上、担当者が「おそらく大丈夫です。9割くらいの融資が出せますよ」と言ったとしても、審査が終わってみると条件が変わってしまうことはままあります。例えば、9割の融資が7割になってしまったり、20年のローンが15年ならいいと言われたり……。

融資の審査が通ったからといって、絶対に利用しなくてはいけないというわけではないので、**申し込み自体はいくつかの金融機関に申請**しておいたほうが無難です。2つ以上の金融機関で融資が通ったら、その中で条件を比べて最終決定すればいいと思います。

6. 物件の引き渡し、ローンの決済、登記

売買契約のあと、1ヵ月程度で物件の引き渡しが行われます。不動産については、金額が高いことや登記を伴うため、売買契約の履行は後日となります。追って、「物件の引き渡し」として、残金の支払い、そのためのローンの実行（金銭消費貸借契約の決済）、そして同日に登記が行われます。

売買契約自体は登記を伴わなくても成り立つものですが、「この物件は自分のものです」と主張するために登記が必要となるので、金銭の移動とほぼ同時に行うのが慣例です。こういった事情から、**残金の支払いは、物件の引き渡し日の午前中に行われ、午後に登記**をすることが多いです。

ローンを利用する場合は、引き渡し日に決済が行われ、買主から売主への残金の支払いに充当します。場所はローンを利用する金融機関の応接室などを借りて、手続きをするのが普通です。ローンを利用しない場合でも、多額の現金が必要となるので、やはり金融機関の部屋を借りることが多いです。

登記の手続きも終わると、収益物件は晴れてあなたのものになります。

7. 取得した収益物件を貸す

買った物件に**入居者がひとりでもいる場合、家賃収入は登記された日から発生**します。その物件の賃貸経営を進めるには、物件を取得した時点での情報をしっかりと確認する必要があります。

もしも管理会社を変える場合は、新しい管理会社が物件の現状把握をしてくれます。そのために、前管理会社から情報を聴取し、管理を引き継いでくれます。このとき引き継ぎの話し合いに同席してもいいと思いますが、私自身は管理会社同士の話し合いに任せます。そして、のちほど新しい管理会社と打ち合わせをして、そのときに物件の情報を報告してもらいます。

物件を取得しても管理会社を変更しない場合は、もともとの管理会社とあなたが打ち合わせをして報告を受ければいいだけです。

物件を取得したときに満室であればいいのですが、現実的にはあまりないでしょう。空室対策については、管理会社とリフォームや家賃設定などを相談しつつ、入居者募集をしていきましょう。詳しくは、Ｓｔｅｐ４の管理の章で解説していきます。

「片手間」投資でプロ化を目指す道のり

最終目標は、事業者向けの「プロパーローン」を使うこと。そのための大まかな流れを紹介。

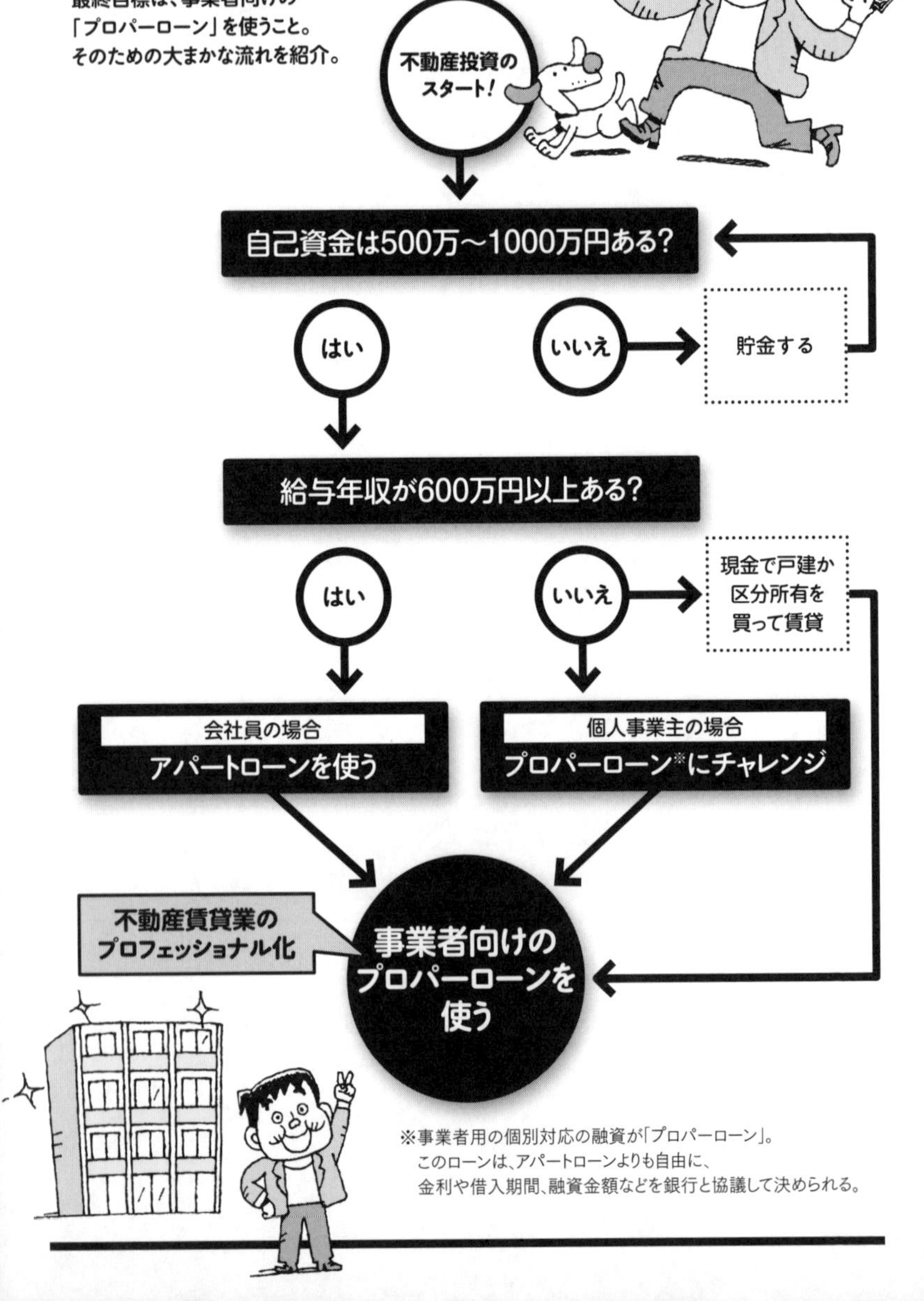

※事業者用の個別対応の融資が「プロパーローン」。
このローンは、アパートローンよりも自由に、
金利や借入期間、融資金額などを銀行と協議して決められる。

step 1

あなたに合う不動産投資の初期戦略とは？

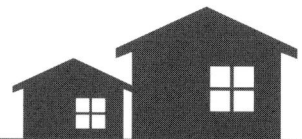

1 あなたのタイプ別、不動産投資の初期戦略

ここでは、具体的な投資のノウハウについてお話をする前に、あなたの個人の属性、特に年収別に考えられる2つの戦略を紹介しましょう。

さてあなたは、次のどちらに該当しますか？

①給与収入があり、その年収が600万円以上

②給与年収が600万円未満、または個人事業主

どちらのケースでも、現金は多いに越したことはありません。できるだけ自己資金を貯めましょう。500万円、できれば1000万円あると始めやすくなります。

①給与年収が600万円以上の人の場合、個人の給与という「信用」を利用して、融資を受けます。自己資金をたくさん注ぎ込むよりも、融資を利用したほうがいい理由は、投資のレバレッジが利く（自己資金の割合が少なくても大きな投資ができる）ため、ある程度、大規模の物件を購入できるからです。

対して、**②給与年収が600万円未満、または個人事業主の場合**、個人属性を利用して

融資を受けることはなかなか難しいでしょう。

でも、だからといってあきらめることはありません。一案としては、融資を利用せずに全額自己資金で物件を購入すること。比較的安価な戸建や区分所有物件を取得して、投資のスタートを切って、実績を作っていくのです。あるいは、個人事業主であれば、事業者向けのローン（プロパーローン）で融資を受ける方法を探っていきましょう。

投資のスタートは違っても目指す融資は同じ！

投資のスタートは、年収や個人事業主かによって、次の2つの選択肢があるわけです。

①給与という「信用」を利用して融資を受ける

②自己資金のみで戸建や区分所有物件を買う、または個人事業主なら事業性ローンを利用

それぞれスタートは違っていても、目指すべき方向は同じです。それは不動産賃貸業者として実績のある人だけが利用できるローン「プロパーローン」を使うことです。このローンを利用するには、不動産賃貸業者として実績を見せることが重要で、そのためには、最初に取得した物件の運営できちんと結果を出さなければなりません（本書では、その結果を出すためのノウハウを授けていきます！）。

では次に、タイプ別の融資やプロパーローンについて詳しく説明していきましょう。

2 給与年収600万円以上の人のスタート方法

額面年収600万円という数字は、不動産投資の初心者に、銀行がリスクを考えつつ融資をしてくれる最低限度の年収です。だからといって600万円あれば、すべての物件に対して融資を受けられるわけではありません。

というのも銀行は、新規に事業を始める人の能力はなかなか推し量れないわけです。ですから、給与収入がある程度見込める人に対して、その収入で返済を担保させる形で、融資をしていきます。

こういった融資の仕方を、一般的に「アパートローン」といいます。これは住宅ローンに準じるもので、その人の給与収入で返済ができるかどうかが検討されます。言い換えれば、初心者大家は、不動産賃貸業者としては、まったく信用されていないのです。

ただし、**不動産賃貸業者として信用されていない初心者でも、融資を利用できる金融機関がいくつか存在**します。有名どころでは、**スルガ銀行とオリックス銀行**です。

ただし、どの金融機関がアパートローンを実行してくれるのか、そして、物件価格の何割程度まで融資してくれるのかは、そのときの社会情勢や、金融機関の不動産賃貸事業に対するスタンスによって変わってきますので、その都度、問い合わせをしてみてください。例えば、現状ではスルガ銀行は、評価に見合った物件であれば、物件価格の90％程度まで融資をしてくれます。逆にいうと、物件価格の10％と購入時の諸費用については、現金で用意する必要があります。

金利については、スルガ銀行では現在、だいたい4・5％の固定金利で融資をしています（ちょっと高いです）。私も、2009年に購入した札幌市の1棟目（2件目）、2棟目（3件目）はスルガ銀行の融資を利用しましたが、やはり4・5％でした（ただし、融資実行後1年程度が過ぎれば、金利については交渉できます）。

アパートローンからの卒業

年収がいい人は、最初は、アパートローンが利用できるわけです。「最初」と書いたのには、理由があります。このローンは、ずっと使い続けられるわけではありません。

融資金額の上限は、スルガ銀行で給与年収の20倍程度まで、オリックス銀行で2億円以内と決まっています。この上限は融資案件1件当たりではなく、**その人が借りられるトータルの融資額**として決まっているのです。

では、上限額いっぱいにアパートローンを利用したら、次はどうやって融資を受ければいいのでしょうか？

その次の一手というのが、前述した「プロパーローン」です。「プロパー」には、「固有の、特有の」といった意味があり、いわば銀行独自のローンです。**アパートローンでは、個人の給与という「信用」に対して融資が下りる**のに対して、**プロパーローンでは、事業内容に対して融資**が下ります。

アパートローンでは、「融資金額や借入期間、金利はこう」とすでに決まっているのに対し、プロパーローンでは借入期間も金利も協議のうえで決まり、融資の上限額は原則としてありません。アパートローンがあらかじめ内容が決まっているコース料理だとしたら、プロパーローンは食べたいものを自由に選べるオーダー料理といったイメージです。

アパートローンしか利用できない状態から、プロパーローンが利用できる事業者になることを、私は**「不動産賃貸業のプロフェッショナル化」**と呼んでいます。不動産投資を効率よく拡大するためには、不動産賃貸業のプロとなって、プロパーローンを利用できるようになることが重要です。このローンを用いた拡大戦略については、Ｓｔｅｐ３でさらに詳しく解説していきます。

私の場合は、27ページでも触れましたが1棟目、2棟目ではアパートローンを利用し、3棟目、4棟目からはプロパーローンで借りられるようになりました。

給与年収600万円以上の人の融資のステップ

給与収入が比較的見込める人は、
その「信用」を担保に、投資をスタート!

個人属性でアパートローンを利用し、
1棟（または2棟）を購入

↓

収益を安定させて、事業として実績を残す

↓

事業の実績を利用してプロパーローンを受ける

不動産賃貸業のプロ化

↓

融資枠の制限がなくなり、投資を拡大

3 年収600万円未満、または個人事業主の場合

次に、給与年収が600万円に満たない、または個人事業主の人の融資戦略について、解説します。

このケースでは、個人属性を利用してアパートローンを利用することが難しくなります。絶対に不可能というわけではありませんが、かなり困難なはずです。ただし、個人事業主でも、医師や弁護士、税理士など、高度な専門性のある資格を持つ人に対しては、銀行からの評価が高くなりますので、アパートローン戦略を取ることが可能な場合もあります。

しかし、現時点の給与収入や職業などは、そう簡単には変えられませんし、ネットビジネスなどの副業で収入を増やしても、収入が不安定ですと、銀行から見た「個人属性」を大きく向上させることは難しいでしょう。

銀行から融資を受けづらいそんな人が、手っ取り早く始める方法としては、現金で戸建や区分所有物件、小さなアパートを取得するという手があります。

私がお勧めするのは、**戸建を現金で取得**すること。地方の郊外や競売で探したりすれば、格安で入手しやすいはずです。そして、私が戸建賃貸をしている経験からいえることです

給与年収600万円未満、個人事業主の人の融資のステップ

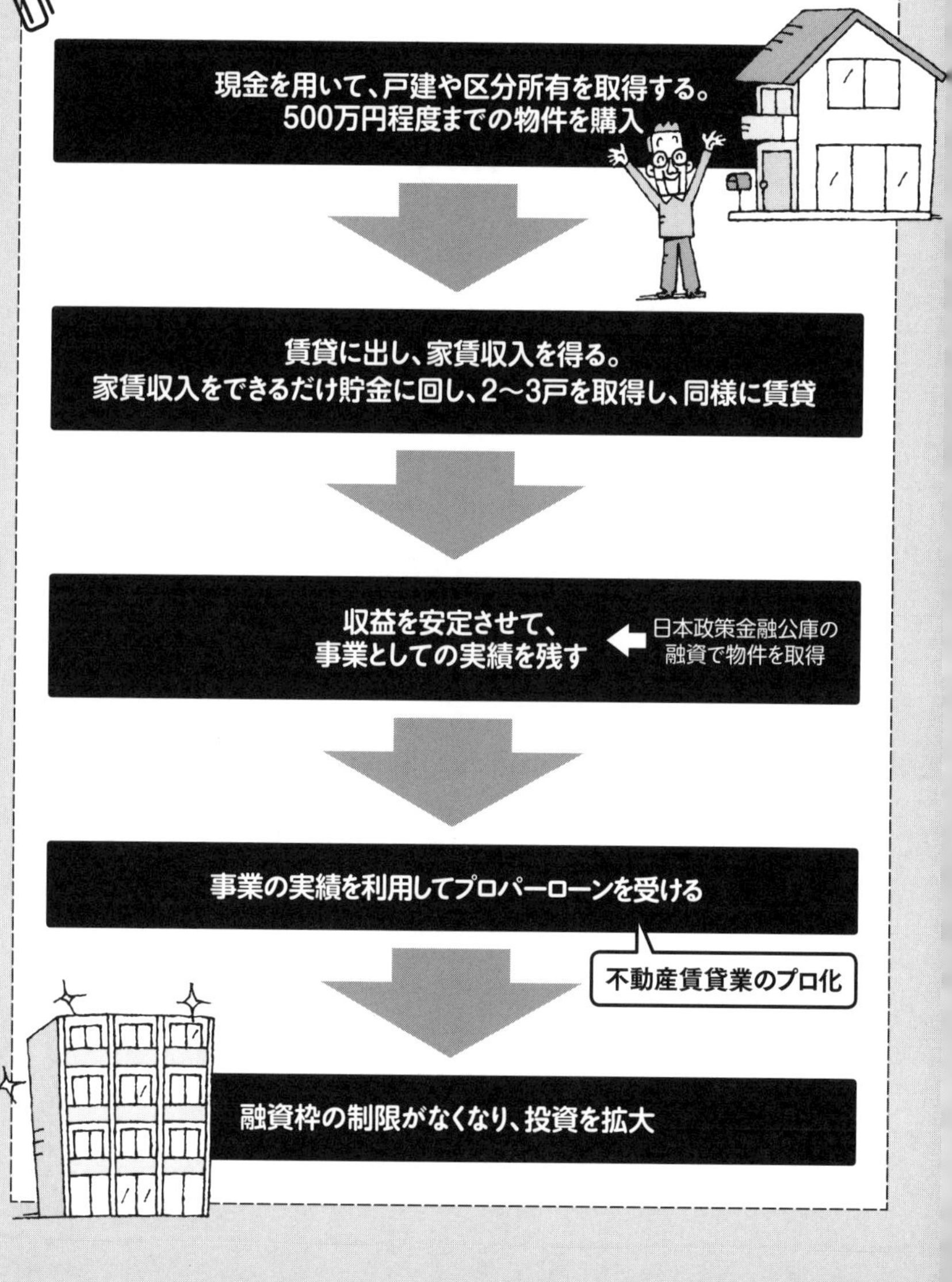
現金を用いて、戸建や区分所有を取得する。
500万円程度までの物件を購入
賃貸に出し、家賃収入を得る。
家賃収入をできるだけ貯金に回し、2～3戸を取得し、同様に賃貸
収益を安定させて、
事業としての実績を残す
日本政策金融公庫の
融資で物件を取得
事業の実績を利用してプロパーローンを受ける
不動産賃貸業のプロ化
融資枠の制限がなくなり、投資を拡大

が、戸建賃貸は供給が少ないので、家賃をやや高めに設定しやすいのもポイントです。

さらに、現金で取得した物件は抵当権が付いていないので、あとになってプロパーローンを利用する際に、「追加担保」として利用することも可能です。

■個人事業主はプロパーローンにまず打診を

個人事業主の場合は、もともと事業のプロですから、地方銀行や信用金庫などで最初の1棟目からプロパーローンを利用できれば、いきなり不動産賃貸業のプロ化を果たすことができます。すでに地銀や信金とのおつき合いがある人は、金融機関の担当者をぜひたずねてみてください。

もしもプロパーローンを断られてしまったら、前述のように、戸建住宅や区分所有物件、小さなアパートを自己資金で格安で取得します。格安物件はおうおうにして築古であったりリフォームが行き届いていなかったりしますので、賃貸に出せるレベルにまで再生させるためには、次で紹介する**日本政策金融公庫を利用**して費用を捻出しましょう。

個人事業主も、年収600万円以上の人もそれ未満の人も、最終的に目指すのは、「プロパーローン」です。このローンならば、融資枠の制限は原則としてないか、あっても5億円レベルの非常に大きな金額です。投資の拡大戦略を取るには必須のローンといえます。

4 日本政策金融公庫を活用しよう

日本政策金融公庫（日本公庫）は、財務省所管の特殊会社です。事業を創業する人への融資を積極的に行う方針があり、貸し出すにはリスクが高い創業・開業時の事業者へも積極的に融資するというポリシーがあります。そのため、状況によっては利用価値があると思います。

私も、日本公庫は利用しています。とはいえ、物件購入ではなく、リフォーム資金を借りるのに利用し、2回申請して2回とも成功しています。

ただし、私はこれまでに度々「こういう融資は、本当はしたくないのですよ」と皮肉のようなことを言われたり、「別の金融機関でいいんでないの？　公庫で融資する理由はないですよ」と少し説教じみた言われ方をされたりしました。でもなぜか、そこまで言われても融資は認められたりします……。

リフォーム資金の融資については、なんと事業計画書も必要なく、自己資金の証明とレントロール（貸借条件一覧表）、確定申告書程度の書類があれば、認められました（身分証明書など一般的な書類は、常に必要です）。特に担保を取られることもなく、200万円以上の融資を1％台の低金利で借りることができ、非常によい融資条件でした。

　このように、**日本公庫の上手な利用法としては、小さなアパートか賃貸に出す戸建住宅を自己資金で格安で取得し、そのリフォーム代金を公庫から融資してもらう**ことです。

「ボロボロの建物をリフォームし、不動産賃貸業として創業する」というイメージです。

　リフォーム資金については、領収書がなくても見積もりがあれば融資してくれます。お金に名前が書いてあるわけではないので、別に流用することもできますが、あとから調べられることもあり得ますので、資金用途はきちんと守ってくださいね。

　ただ見積もりの段階で、本当のところどれくらいのリフォームが発生するかはわかりませんので、多少高めの見積もりを提出したほうが無難かもしれま

日本政策金融公庫の申し込みフォーム

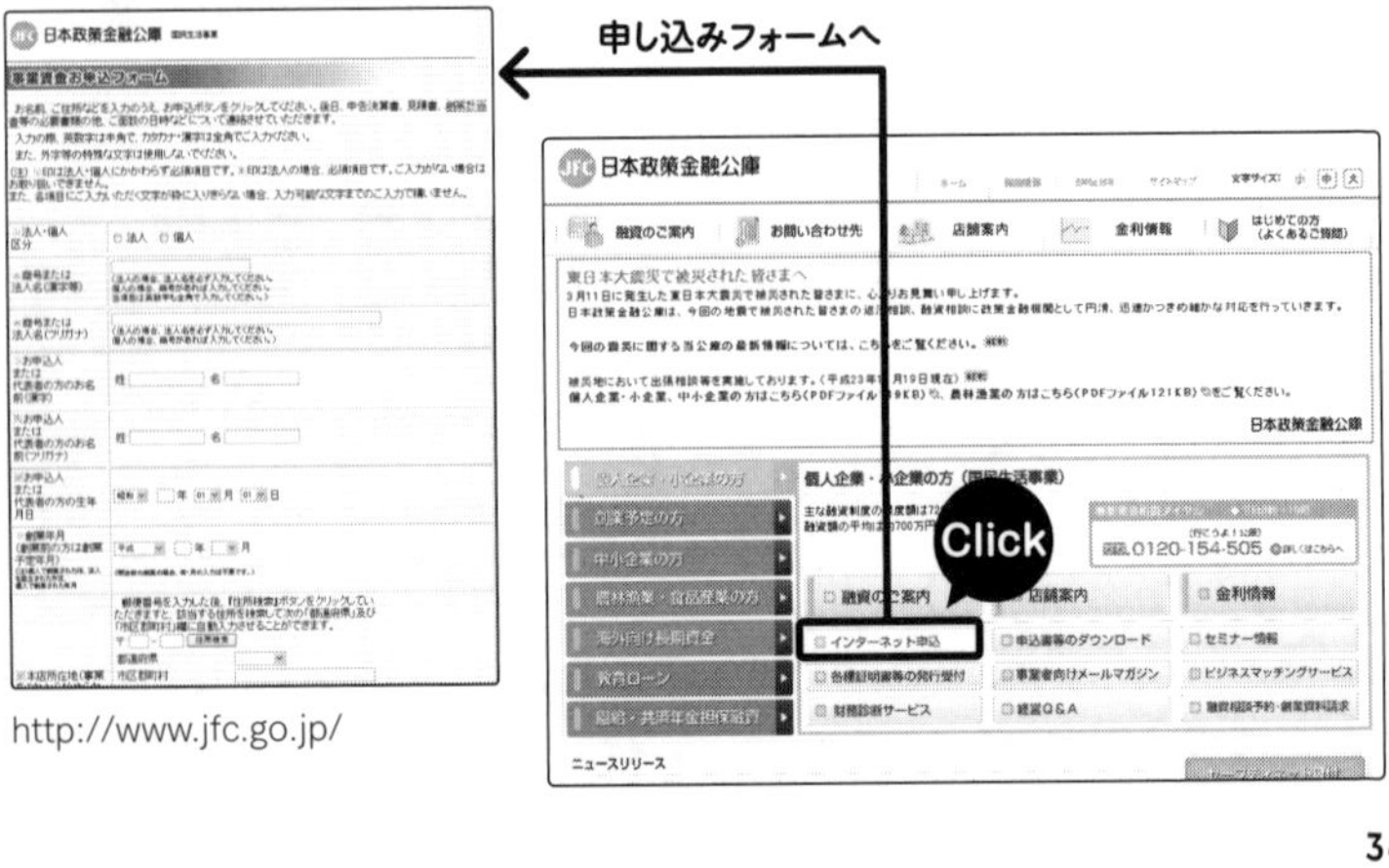

http://www.jfc.go.jp/

せん。

公庫の融資申し込みについては、日本公庫のウェブサイトからでも可能です。申し込んでおくと、あとから電話か封書で連絡が来ます。後日に公庫の担当者と面談をすることになりますが、基本的に平日の日中なので、会社勤めの人は休んで行かないといけません。面談では、なぜか圧迫気味の面接だったりしますが、融資の結果はだいたい1～2週間のうちには出てきます。

上手に日本公庫を利用すれば、低金利で融資を受けることもできることは、みなさん、ぜひ知っておいてください。

物件購入費用の融資を受けるにはハードルが高い

日本公庫を利用する場合、500万円の自己資金に対して1000万円程度までの融資が可能だといわれています。1000万円の自己資金があれば、2000万円まで融資してもらえる可能性があるわけです。2000万円を超えるような融資となると日本公庫は対応できませんので、いくつかの地方銀行や信用金庫を当たってみるしかないのですが、実績がまったくない状態での融資は、なかなか難しいと思います。

現金が多ければ多いほど金融機関からの評価は上がりますので、融資を受けやすくなりますが、仮に1000万円単位の金額を貯めることができるのであれば、**日本公庫から融資を受けるよりも、現金で物件を購入したほうが不動産賃貸業者としての実績を早く示せる**だけに、その分、拡大戦略が早く達成できるかと思います。

それになんといっても、日本公庫を利用する際の一番のネックは、収益物件を購入する際に、抵当権を付ける前に全額の融資を実行してくれないこと。そうなると物件価格を現金でいったん用意しなくてはならず、現金調達が高いハードルとなります。

日本公庫からは、物件の購入資金よりも、リフォーム費用を借りるというのが、現実的な利用法かもしれませんね。

ローン別、融資の内容一覧

融資内容＼ローンの種類	住宅ローン	アパートローン	プロパーローン	日本政策金融公庫
融資の条件	個人の所得、属性	個人の(給与)所得、属性	事業性の高さと担保価値	事業性の高さと自己資金
融資のハードル	低い	低い	高い	高い（リフォーム費用は低い）
融資の期間	長い（35年まで）	やや長い（残存耐用年数程度）	やや短い（できるだけ短くしようとされる）	短い（10年程度まで）
事業性の融資かどうか	居住する住宅の購入が目的で、事業性の融資ではない	収益物件の購入といった個人資産を増やす側面がある	事業性の融資である	事業性の融資である
融資の上限金額	一般的に、年収の5倍程度まで	スルガ銀行の場合、年収の20倍程度まで	特に制限はない	自己資金の2倍まで。ただし、1500万～2000万円程度まで
金利	低い（1～2%）	高い（3～5%）	やや高い（2～3%）	低い（1～3%）

step 2

物件タイプごとの投資テクニックをつかめ！

5 どんな構造の建物を選ぶといいか？

不動産投資の拡大戦略を「片手間」で進めていくには、それなりの知識やテクニックが必要となります。Ｓｔｅｐ２では、さまざまな物件のタイプごとに、そのテクニックを解説していきます。

まずは建物の建築構造に注目しましょう。建物の構造というのは、大まかに次の２つに分けられます。

①軽量級物件 ⬇ 木造、軽量鉄骨造
②重量級物件 ⬇ 重量鉄骨造、ＲＣ（鉄筋コンクリート）造、ＳＲＣ（鉄骨鉄筋コンクリート）造

重量級物件に投資するポイント

「片手間」投資でベストな物件は、ＲＣ造などの重量級物件です。中でも20～30戸くらいの規模を中心に取得するといいでしょう。このような規模の物件ともなると、１億～２億

円となるので、Ｓｔｅｐ１で解説した「プロパーローン」が必要なわけです。

物件の管理については、通常は管理会社に任せます。**重量級物件は、管理会社にとっても入居募集をしやすく、オーナーは「片手間」での投資がしやすい**はずです。

地方や郊外であればファミリー向けが安定した需要がありますし、都会で駅近などひとり暮らしの需要が大きな地域であれば、単身者向け、ファミリー向けのどちらでもいいと思います。

私の所有する物件は、最初の木造戸建、最後に取得した三重県伊勢市の軽量鉄骨造を除いて、４棟が重量級物件です。中でも、４件目の岐阜市の物件は重量鉄骨造（ほかはＲＣ造）で、築18年とは思えないほど見栄えがよく、入居も良好です。重量鉄骨造はかなり長持ちしますし、最近は積極的に探すようにしています。

表面利回り12～13％の重量級物件を探そう

重量級物件は、スルガ銀行などのアパートローンで長期間の融資を利用できる人なら、最初の１棟目から挑戦することができます。ただし、スルガ銀行の金利４・５％のアパートローンを利用する場合、イールドギャップ（物件の表面利回りと借金の金利の差）をある程度高めようと思うと、表面利回り（年間家賃収入÷物件購入価格×１００）としては

12～13％は欲しいところです。

重量級物件で表面利回り12～13％というのは、収益物件の検索サイトでも探せばあります。特に**地方都市で築20年程度の物件**の中には、この程度の利回りが発見できます。

築20年ならば、RC（鉄筋コンクリート）造の法定耐用年数は47年ですので、残り25年程度は融資を使えます。融資期間は、最大でも「法定耐用年数－築年数」、つまり法定耐用の残存年数というのが一般的です。

それに土地・建物の積算評価（銀行が利用する不動産の評価法のひとつ）も高ければ、融資を受けやすくなります（簡易的な算出法については、次ページを参照してください）。

ポイントは、**「積算評価額＞売買価格」の物件を探す**ことです。そのほうが融資を受けやすく、個人の信用の毀損（積算評価が低い物件を取得すると、個人の資産が計算上は減ってしまう）を防ぐことから、いいとされています。たいていの金融機関は、**積算評価額を不動産に融資をする際の重要な基準**としています。積算評価がかなり高ければ、プロパーローンを使うときに、満額融資を引くこともそれほど難しくありません。

ただし、重量級物件の大きなデメリットは、固定資産税などの税金が非常に高いこと。反面、固定資産税というのは全額が経費になりますので、確定申告をするときに所得税や法人税を減らすという効果はあります。

積算評価額の調べ方

積算評価額 ＝ ①土地評価額 ＋ ②建物評価額

①土地評価額 ＝ 相続税路線価 × 面積(㎡)

➡相続税路線価は、「全国地価マップ」で調べる。

➡「全国地価マップ」では、固定資産税路線価、相続税路線価、地価公示価格、都道府県地価調査価格の4つの公的土地評価情報がわかる。

例 相続税路線価が6万円(㎡)、面積600㎡の土地評価額は?

①6万円 × 600㎡ ＝ 3600万円

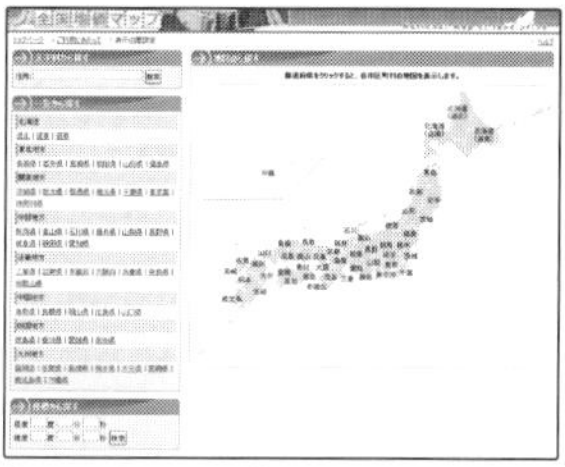

「全国地価マップ」
http://www.chikamap.jp
エリアを指定して、地価を調べる

②建物評価額 ＝ 建物再調達価格 × 面積(㎡) × 減価残存率

➡建物再調達価格は、平米単価がRC造19万円、重量鉄骨造16万円、木造・軽量鉄骨造13万円

➡減価残存率では、法定耐用年数のうち何年残存しているかを調べる
(法定耐用年数は、RC造47年、重量鉄骨造34年、軽量鉄骨造19・27年、木造22年)

例 RC造で再調達価格は19万円、延床面積500㎡、築20年(法定耐用年数は47年、残存耐用年数は27年)の建物の積算評価額は?

②19万円 × 500㎡ × 27/47年 ≒ 5457万円

例 上記の土地と建物の積算評価額は?

①3600万円 ＋ ②5457万円 ＝ 9057万円

※金融機関によって若干違うものの、積算評価額の目安は上記の計算で算出できます。

6 軽量級物件に投資するポイント

木造や軽量鉄骨造などの軽量級物件は積算評価が低いため、融資が難しい（とりわけ満額融資は難しい）ものです。おまけに、残存耐用年数が短くなりがちなので、融資期間を長くは取れません。そうなると毎月の返済金額が多くなり、キャッシュフロー（現金収支）上のプラスが出にくくなるのもネックです。

また、利回りがよくても積算評価が低い物件が多いので、そのような物件ばかりを取得すると、40ページで説明したように、個人の信用に毀損が生じて、プロパーローンを利用した拡大戦略が取りづらくなるおそれがあります。ですから、軽量級物件を取得する場合は、重量級物件を中心とした投資の中で、節税を狙ってあえて取り入れてみるといったように、取得する機会を限定させたほうがいいと思います（木造物件は耐用年数が短いので、1年当たりの減価償却が多く取れるという節税面のプラスはあります）。

そして、軽量級物件でよくあるのが10戸程度の小規模アパートです。そういう物件の管理を管理会社に依頼する場合、「小規模物件のオーナー」として扱われます。問題は、**管理会社に支払うお金が比較的少ないので、あまり重要視されない**可能性があることです。

もちろん、同じ管理会社に2棟、3棟と管理してもらえば、スケールメリットにより状況は変わってくるかもしれませんが、同じ管理会社を利用したいがために物件の所在地を限定するのでは、本末転倒ですし、物件選択の余地も少なくなってしまいます。

高利回りで、積算評価額が売価より高いか

ただし、軽量級物件は重量級物件よりも表面利回りが高い（大都市で12〜15％、郊外で15〜20％など）傾向にあるので、収益性の面ではプラスに働きます。さらに、**積算評価が高い物件を格安に購入できるのなら、狙ってみる**価値は大いにあります。

２０１１年10月に、私が三重県伊勢市で取得した軽量鉄骨造のアパートは、周辺相場よりも１割以上、家賃設定を安くしても、表面利回り25％という数字を出せました。それならば４〜５年で投資資金を回収できるだろうと考えて、あえてローンを組まずに現金で購入に踏み切ったわけです。また、固定資産税評価額（市町村が固定資産税を徴収するために利用する評価額で、積算評価額よりも低くなりやすい）が、売価よりもかなり高かったのも、大きなポイントです。

軽量級物件でも、利回りと積算評価額を考えて、投資のうまみがあると判断できれば、ポートフォリオ（資産構成）に組み入れてみてもいいかと思います。

7 築年数の違いによる投資テクニック

たとえ同じ構造で同じ大きさの物件を買うにしても、築年数によって物件の価格は当然変わってきます。私が重視するのは、価格がこなれてきた中古の物件をいかに安く購入するかです。

お勧めは、築浅（築年数が10年程度まで）の物件か、大規模修繕が終了している築20年程度の物件です。理由は、利回りがある程度確保でき、それでいてあまりメンテナンスなどの手がかからないからです。

新築の物件というのは、投資対象から除外して考えています。

ひと口に「新築」といっても、建売住宅と自分で建築をする2パターンがあります。

新築の建売物件は、建築業者の利益が乗った状態で売り出すわけですから、どうしても取得価格が高くなりがちで、収益を出すことが難しい案件です。

もうひとつ、土地を安く購入し、自分で建築業者に依頼するパターンは、ある意味とても楽しい経験だと思うのですが、かなりの時間と手間がかかります。「片手間」投資の趣旨からは外れるため、少なくとも1棟目など投資初期の段階では検討の余地はありません。

築浅物件に投資するポイント

築浅物件は、物件そのものの価格がまだまだ高く、利回りが低い傾向にあります。例えば、ＲＣ造の場合、首都圏で８％、地方の大都市で10％、地方の郊外でも12％くらいが高利回りの上限です。

物件がかなり安く売りに出された場合は、もう少し利回りがいいのですが、安く売られるには必ず理由があります。家賃設定が高くて空室が多いだけ、あるいは、相続が理由で売りに出されているといった場合には、リスクとしては低いので、ぜひ購入を検討すべきです。ただし、そういった物件ほど、すぐに買い手が付き売却されます。

では、そういったお得な物件の情報を入手するためには、どうしたらいいでしょうか……。そのためには、**「任意売却物件」**に注目してください。

みなさん、「任意売却」という言葉を聞いたことはあるでしょうか？　任意売却とは、借金（ローン）を滞納した際に不動産を売って現金化するひとつの策です。競売と違うのは、裁判所の手続きによって強制的に売却をされるわけではなく、売主の「任意」で売却する点です。とはいえ、任意売却に失敗すると競売にかけられるのが普通なので、早くスムーズに買い手を見つけたいために、相場より少し安い価格設定がされています。しかも返済が滞っていることは表ざたにしたくないので、情報はあまり公にされません。

相場より安めの任意売却物件で、しかも築浅ともなると、お目にかかれないと思うかもしれませんが、不動産仲介業者からの情報をたくさん集めるようになると、たまに見かけます。あるいは、「健美家」「不動産投資連合隊」「楽待」といった収益物件のウェブサイト（15ページ）からも、物件詳細の問い合わせを続けていると、ときどき流れてきます。

ただし、そのための準備段階として、**個人情報や自己資金の金額を明確に業者に伝えておかないと、情報を流してもらえません**ので、日頃から物件探しのアンテナを張っておくことが大切です。

また、1棟か2棟でも、すでに物件を持っていると、「この投資家は実際に買ってくれる人だ」と思われますので、情報が集まりやすくなります。不動産投資は、初めの一歩を踏み出すまでが大変ですが、踏み出したら、収益物件の情報が集まりやすくなったり、ルーティンワークでこなせたりする部分が出てきます。

しかし、積算評価も収益還元評価（対象不動産が将来生み出す純収益から求める評価）もよく、しかも明らかに問題のない物件ならば、やはりすぐに売れてしまいます。最初は収益物件サイトをこまめにチェックして、気になる物件があったら問い合わせをして、情報がもらいやすくなるための足固めをしていきましょう。

中古物件に投資するポイント

築20年程度の物件というのは、収益物件の売買市場におけるボリュームゾーンです。売主としては「新築から20年程度経つと物件にガタがくるので、売却して新しい物件に資産を組み替えよう」という意向なのでしょう。実際のところ、築20年程度が過ぎた物件は、RC造だろうと鉄骨造だろうと木造だろうと、建物本体も設備も、手を入れないと貸すのが難しい状態であるケースがほとんどです。

20年も経つと、木造ですと耐用年数が終わる頃ですし、鉄骨造でもRC造でも、たいていは問題が潜んでいます。特にお金がかかる修繕は、屋上防水工事、外壁の塗装や洗浄で、設備としては、キッチンやバスなどの水回りや雨漏りの心配もあります。

屋上防水などの大規模修繕が終わっている物件であれば、しばらくは修繕する必要がないわけですが、その代わり、物件の価格が高くなります。

逆に、中古のRC造を購入して大規模修繕がなされていなかったり管理状態が悪かったりすると、不動産投資の初期からリスクを抱えてしまうことになります。

正直なところ、あまり高い物件も嫌だし、かといって修繕がされていないリスクを抱えるのも嫌だし……と痛しかゆしの状況です。

投資の初期に狙いたい「業者売主物件」

そこで、1棟目に築20年程度の物件を手に入れる場合、私がお勧めしたいのが**「業者売主物件」**を購入するという作戦です。

「業者売主物件」とは、不動産業者が仕入れた物件を直接販売することです。インターネットなどで「仲介手数料無料」という物件を見かけることはないでしょうか？　不動産業者が直接自社の物件を販売するので、仲介手数料が必要ないのです。それでも業者が儲かるのは、たいていの場合、激安価格で仕入れて、その物件に修繕を加えるなどして付加価値を与えて、売却しやすいように仕上げているからです。

そういう事情を知ると、あまりお得でない物件のように聞こえてしまいますが、大きなメリットがいくつかあります。

ひとつは、**「瑕疵《かし》担保責任」が明確**なことです。業者が売主の物件については、物件の瑕疵（傷、欠点）が発見された場合、2年間は売主側に責任の所在があることになっています。もうひとつは、大規模修繕を中心とした物件の補修や、入居者の問題について、業者のほうである程度解決してくれ、そこそこ状態のいい収益物件に仕上がっている点です。

私の札幌市の2棟も、2009年の購入時の築年が21年、RC造で業者売主物件です。

業者負担で大規模修繕を行ってもらい、瑕疵担保責任を明確にして購入。スルガ銀行での融資付けも、その売主の業者に話を通してもらって行いました。まさに「片手間」投資です。この2棟については、現在も安定して稼働しています。

ただし、こういった業者売主物件のすべてがいいとは限りませんので、**価格とリスクのバランスを見たうえで、まだ投資に慣れていない1棟目や2棟目に組み入れるのがベスト**でしょう。逆に、3棟目、4棟目と買い進めるときには、不動産賃貸業にも慣れてたいていの問題をクリアできるようになっているはずです。あえてリスクのある物件を激安価格で購入するのも、ひとつの手かと思います。

例えば、私の4棟目（5件目）は、三重県鈴鹿市にある築24年のＲＣ造で、購入価格は積算評価額の5分の3程度です。その代わり、物件自体の大きな問題点として、30戸のうち8戸には、キッチンと洗面台がありませんでした。入居率も50％程度で、取得してからしばらくの間は、収益がマイナスになることも織り込み済みです。

それでも、不動産賃貸業としての戦略を明確にして、いろいろと手を打ったところ、物件取得後6ヵ月程度で入居率が約80％になり、さらにその後3ヵ月ほどで入居率は約90％にまで改善しました（詳しくはＳｔｅｐ４の管理の章で説明します）。

安い物件に潜んでいるリスクを解決できれば、不動産投資をより加速させられます。

8 都会か地方かの違いによる投資テクニック

物件を持つなら、都会がいいか地方がいいか——この選択肢は、常に不動産投資家の間でも話題にのぼります。

都会には都会のやり方、地方には地方のやり方がありますので、その投資スタイルについて明確に分けて、そのうえで自分に合うほうを選択していきましょう。

ここでは、次の3つのスタイルに分けて解説します。

①東京およびその近郊
②地方の大都市圏（北関東の県庁所在地も含む）
③地方の中小都市および郊外

①東京およびその近郊で投資する

東京は、特殊なエリアです。というのも、不動産投資に関していえば、家賃が非常に高く、そして利回りは非常に低いわけです。

その理由として、人口密度が高いこと（人気のエリアである）、土地の価格が非常に高いことなどが挙げられます。収益物件の売買自体も多く、物件の流通が盛んですから、探せばたくさんの物件が出てきますが、価格が安くて利回りがいい物件は、とても足が早く瞬く間に売れてしまいます。

東京の投資環境からいえることは、収益を得やすいような利回り12％以上の物件については、かなり築古でないと見つかりません。築古物件を融資によって購入しても、今度は融資期間が長く取れませんので、やはり収益を得るのは難しいでしょう。**東京および近郊は、「片手間」投資を実現して拡大していくには、難しいエリア**だと思われます。

②地方の大都市圏（北関東の県庁所在地も含む）で投資する

地方の大都市圏とは、大阪、名古屋、福岡、札幌、仙台などをイメージしてください。これらの都市だと、**中古のRC造で11～12％程度の利回りの物件**が、ときどき出てきます。この程度の利回りがあれば、融資期間を25年以上取ることで、ある程度の収益は確保できます。さらに粘り強く探していくと、**積算評価も高い物件**が現れます。そういった物件をタイミングよく購入することが「片手間」投資への第一歩です。

地方の大都市では、融資を引くのもやりやすいと思います。スルガ銀行のアパートローンを使う場合、支店が存在する都市の物件への融資なら、あなたの居住地がどこにあっても可能なことが多いです。

また、地方銀行や信用金庫などのプロパーローンを利用する際にも、あなたの住所がある地域にその支店があれば、地方大都市圏の物件への融資は利用できることが多いです。大都市には金融機関の本店も支店も多いですから、いろいろな金融機関から選べるというように選択肢が広がる可能性が高いです。

入居募集の点でも、地方の大都市圏は比較的容易です。その理由は、ある程度の人口の出入りがあるため、戦略的に正しい入居募集をしてさえいれば、入居を決めてもらえるのはそれほど難しくないからです。つまり、母集団が大きいほうが入居の決まる絶対値が大きくなるわけです。ところが、人口20万人くらいの地方都市になりますと、人の流動性が低く、移動する母集団が小さくなるため、戦略的に正しくてもなかなか入居が決まらないことがあります。

物件自体の間取りについても、ファミリー向け、単身者向けのどちらでも入居者は決まりやすいです。ただし、ファミリー向けなら駐車場完備のほうがなおベターです。

私の1棟目（2件目）と2棟目は、ともに札幌市にあり、ＲＣ造、築21年（２００９年の購入時）で、利回りは1棟目が12・5％、2棟目が11・4％という状況です。取得してから、常に安定して稼働しており、おおむね満室経営です。人の流動性も高いため、入居者募集に関しては戦略的に正しければ、繁忙期でなくても決まっています。

ここまで述べたように**地方大都市圏はまずまずの利回り、積算評価、融資の受けやすさなどの点でバランスがよくお勧め**なのですが、あえて**難点をいうと高利回りの物件が見つけにくい**ことです。収益を出すうえで最低限の利回りは確保できますが、RC造で15％以上、軽量鉄骨造や木造で20％以上といった非常に高利回りの物件は、あまり存在しないか、存在しても入居募集が極端に難しいような難あり物件がほとんどです。

③地方の中小都市および郊外で投資する

地方の中小都市というのは、人口50万人未満の都市をイメージしてください。また、東京およびその近郊や地方大都市圏でも、田園風景が見られるような郊外も、同様の戦略を取ります。

これくらい人口の少ない地域になりますと、私のお勧めする方針としては、**駐車場が全戸分以上あるファミリー向け物件**に狙いを定めることです。もちろん、大学の近くや駅の近くだという理由で単身者向けを取得することもあり得ますが、そういう物件は、大学が移転でもすれば厳しい状況が待っています。

地方の中小都市やその郊外での投資のメリットは、明らかに利回りが高くなることです。RC造で15％以上、軽量鉄骨造や木造で20％以上というような物件も、たびたび見つかることがあります。積算評価もよい物件であれば、事業者向けのプロパーローンを利用しやすく、利回り、積算評価の揃った物件が手に入ります。

しかし、**地方の中小都市やその郊外での投資のデメリットは、人口移動の絶対数が少ない**ことです。ただし、それ自体は地域全体のマクロでのリスクであって、その物件の持つリスクにそのまま置き換えるべきではないと思います。空室を埋めるために適切な戦略を立てれば、多少の時間がかかることはあっても、必ず入居率は上げられます。

不動産投資の上級者になればなるほど、地方や郊外の物件のほうが戦いやすくなるものです。その理由は、やはり絶対的に利回りが高いことと、ライバルとなる周辺の物件のオーナーがいわゆる「土地持ちの資産家」であることが多く、入居率を上げる工夫をあまりしていないことです。能力の高い管理会社を見つけさえすれば、勝算はあるはずです。

ただし、地方や郊外といえども、人口が10万人を切るような市町村や、北海道の夕張市のように財政破綻した市町村、企業数が少なかったり、特定の大学だけに依存していたりする市町村などは、やめたほうが無難でしょう。

9 人口10万人以下、投資困難エリアでの戦略

もしもすでに投資の難しい地域に収益物件を取得している場合には、かなり工夫して事業を行わなければなりません。現状で満室に近ければ、すでにいい戦略が行われているのでしょうが、それでも長期的な戦略を検討しなければなりません。現状で空室が多いのであれば、直ちに短期的な戦略から立て直していきましょう。

まずはインターネットや管理会社への聴取で、以下の情報を収集することが必要です。

①市町村の人口
②その地域の外国人の人口
③大学、大企業の工場、大きな病院など、規模の大きな施設の存在
④その地域で客付けしている業者の情報

①まず人口を調べます。10万人未満、ましてや5万人未満で、近隣に中小都市や大きな施設なども存在しない場合は、単身者向け物件では厳しいです。**ファミリー向けならば、単身者でも家族でも住むことができる**ので、まだ入居者が見つかりやすいでしょう。

②その地域の外国人の人口が多い場合には、近隣に工場などの働き口があったり、留学生が多かったり、なんらかの理由があるはずです。その場合、**外国人の入居者をターゲットにする**のは、比較的簡単な戦略であり、効果も高いです。管理会社と打ち合わせて、その方向性で検討してみましょう。

③人口の少ない地域でも、大学、工場、病院などの大きな施設が存在することがあります。**学生課、総務課、人事課などに問い合わせて、入居者の紹介が可能かどうか**を確かめてください。直接の紹介は無理でも、物件のパンフレットなどを置かせてもらったり、学生や職員の入居状況（どの物件に多く入居しているか、どの賃貸業者を通して入居を決めているかなど）の情報を得たりすることがあります。できれば、その施設まで直接出向いて、情報を集めましょう。

さらに、④その地域で賃貸仲介を行う不動産業者（いわゆる客付業者）の情報も集めてください。これは、管理会社にたずねるとたいていは教えてくれます。人口が少なければ客付業者の数も少ないのは当然ですが、2～3社の客付業者が存在すれば仲介してくれる業者はあるはずです。場合によっては手みやげ持参で、挨拶に行きましょう。地方に行けば行くほど、大家、管理会社と客付業者の直接の関係が重要となりますので、**よく顔を出して入居者の紹介をお願いする**ことに意味があります。

10 間取り選びは単身者向けか、ファミリー向けか

単身者向け物件というのは、一般的に1ルーム、1K、1DK、1LDKまでの間取りの部屋です。ファミリー向け物件は、それよりも大きな2DK以上の間取りの部屋です。ただし、1LDKの部屋を2人で利用したり、2DKの部屋をひとりで利用したりすることもありますので、単身者向けとファミリー向けの中間くらいの広さや間取りの部屋は、どちらの需要にも応えることができます。

単身者向け物件に投資するポイント

単身者向け物件がファミリー向け物件より明らかに優れている点は、一般的に賃貸における平米単価が高いことです。つまり、1K、20㎡の部屋を借りる場合に5万円の家賃だとして、エリアや築年数などが同じ条件で3DK、60㎡の部屋の家賃が、面積に比例して15万円になることは、ほとんどあり得ないわけです。

ですから、土地の価格が高い大都市などでは、単身者向け物件のほうが投資の効率から見ると理にかなっています。同時に、都会のほうがより単身者向け物件の需要が高いこと

もあり、都会になればなるほど単身者向け物件のほうが多くなり、ファミリー向け物件のほうは少なくなります。また、平米単価が高いことから、同じ大きさの建物なら、単身者向け物件のほうが利回りが高くなる傾向があります。

しかし、**単身者向け物件は、大都市での投資には適していますが、地方都市レベルとなると需要が小さくなります**ので不安が残ります。実際に、地方や郊外の地主さんが「相続税対策だ」と考えて（または建築業者に勧められて）、単身者向け物件を郊外に造ることがありますが、たいていは入居募集に苦労します。満室想定の利回りで計算すると、賃貸するときの平米単価が高くて得なようですが、そもそも入居者がいなければ収益は小さくなります。いくら利回りが高いからといって、地方や郊外での単身者向け物件には気をつけてください。

また、単身者向け物件は、一般的にファミリー向け物件よりも入居期間が短い傾向にあります。

こういった事情から、**単身者向け物件に関しては、「片手間」投資をするうえで必要な条件を満たさない場合は、あまりお勧めはしていません。**その必要な条件とは何かというと、次の3つです。

①**大都市でかつ駅に近い**か、**大学や大企業が近く**に多くあって、需要が手堅く見込める

②**バス、トイレが別**になっている
③**利回りが20%以上**と非常に高く、入居率が低くても賃貸事業が成り立つ

①②③のすべての条件を満たす物件であれば、「片手間」投資のポートフォリオ（資産構成）として加えてもいいと思います。

①の大学については、大学自体が移転することも稀にあって一長一短ですが、新入生に一度入居してもらうと4年間空室にならない可能性が高いので、大学生需要の見込める物件も投資先として残しておきましょう。

ファミリー向け物件に投資するポイント

ファミリー向け物件の一番のメリットは、単身者向け物件よりも入居期間が長い傾向にあることです。このメリットから、私は**単身者向け物件よりもファミリー向け物件を中心に投資することをお勧め**しています。

利回りとしては単身者向け物件よりも低くなる傾向はありますが、逆に、地方や郊外といった高い利回りが見込めるエリアでの投資も可能となりますので、ファミリー向け物件でも利回りが高いものを取得することは可能です。

ファミリー向け物件で絶対に確認を忘れてはならないのは、**駐車場の情報**です。特に地方や郊外の場合、たとえ駅から近くても、ほぼ全戸分の駐車場を確保しましょう。大都市部の場合は、全戸分の駐車場が必須というわけではありませんが、それでも多少はあったほうがベターです。

なお、ファミリー向け物件といえども、3LDKよりも大きい間取りのもの（4LDKや5LDKなど）については、気をつけてください。それくらい大きな間取りになると、それなりに高い家賃に設定することになり、入居する人が限られてしまいます。

私の**お勧めは、2DK、2LDK、3DKといった間取り**です。2DKや2LDKは、地方なら単身で住む人も多く、その分、需要が高い物件です。また、3DKくらいのサイズは絶妙で、2～5人くらいの世帯に対応できるので、夫婦だけの世帯（若い夫婦、高齢の夫婦とも）や、さらに小さいお子さんが1～3人という世帯など、幅広くターゲットとなります。

また、お子さんがいる世帯は、引っ越しをするときに転校を伴ったり、引っ越しの費用が高くなったりするので、単身者よりも転居をしにくい傾向があります。また、持ち家を購入するまで住んでくれたりすることから、結果的に入居期間が長くなります。

11 こんな条件の区分所有物件ならば買ってもよし

区分所有物件については、投資初期の段階ではあまりお勧めしていません。それには、次の2つの理由が挙げられます。

①区分所有物件の管理費が高すぎて、しかも空室でも管理費が発生する
②物件の共用部については、その投資家単独ではコントロールできない

不思議なことに、マンションの管理組合に支払う管理費というのは、割高です。

例えば、私の所有する一棟マンション（2DK）で管理会社（管理組合ではなく）に支払う手数料は、一部屋当たり月額1500円未満です（それで入居募集や家賃回収までやってくれます）。それなのに、同じくらいの広さでの区分所有物件の管理費（管理組合に支払う）は、1ヵ月で5000円程度が相場です。比較的高額なのに、入居募集や家賃回収までやってくれるわけではありません。

つまり、**区分所有物件の管理費というのは割高なので、それを補うくらいの家賃収入が得られないと利益が出ません**。そのうえ空室の場合でも管理費はかかります。一棟ものの

場合ですと、通常は家賃収入がない部屋に対しては管理会社への支払いは発生しません。

また、区分所有マンションの共用部分についてはリフォームなどをコントロールできない面があります。内装のリフォームは自由にできても、建物の外廊下や外壁などの共用部分は、まったく手を加えられません。外壁塗装なども、当然自由にはできません。

しかし、区分所有でも、購入してもいいかなと思える物件がときどき出てきます。それは、ファミリー向け物件のように、**所有者自身が自分で使用する「実需」目的で購入するような物件で、かつ現在は賃貸中**となっている場合です。

不動産投資用の物件というのは、利回りで評価することが多く、売買価格が安く出回っていることが多いのです。そのようなファミリー向け物件を、かなり安く購入することができれば、しばらくは家賃収入を得て、入居者が退去してから実需物件として売却することで、キャピタルゲイン（売却益）を得ることができます。

ただし、購入してからすぐに売却することはお勧めしません。転売目的での不動産の購入と売却は宅建業者でないと違法行為となりますし、個人で所有していた場合は5年間が過ぎないと譲渡税が高いのでご注意ください。

区分所有物件は管理費が高いですから、不動産投資が拡大して余裕ができたときや、高い管理費を補うだけの収益が得られるときのみ、購入を検討しましょう。

物件ごとの投資テクニックのまとめ

重量級物件か軽量級物件か、築古か築浅か、大都市か中小都市か、単身者向けかファミリー向けか、区分所有か一棟ものか、収益物件には多くの選択肢があります。

重要なことは、それぞれの収益物件のメリット、デメリットを把握して、状況に応じて組み合わせを作ることです。次々に物件を取得して拡大路線に向かうとすれば、例えば次のように、複数の物件のポートフォリオ（資産構成）を考えることになります。

1棟目：20戸、ＲＣ造、築20年、地方都市、ファミリー向け、すべて住居
2棟目：30戸、ＲＣ造、築18年、東京近郊、単身者向け、店舗2戸あり
3棟目：8戸、軽量鉄骨造、築10年、地方郊外、ファミリー向け、すべて住居

賃貸経営において、あまり手をかけずに進めるには、まずは**「物件選択」という投資の入口に全力を注ぎ込む**ことがポイントです。最初は手探り状態かもしれませんが、2棟目、3棟目と買い進めるうちに、徐々に選択のコツがつかめて慣れてきます。

次のＳｔｅｐ３では、実際にどのように、投資を拡大していくかを述べていきます。

耳寄りコラム1 実は区分所有を購入……私の失敗体験

われながら、最初に購入した戸建物件と２番目に購入した区分所有物件（売却済み）は失敗でした。

リーマンショック前の2007年、セカンドハウスとして、築30年の木造戸建を購入しました（のちに賃貸に出します）。

積算評価額は500万円。物件価格は1100万円。それなのに、融資金額は1200万円（保証人なし）。

今ではあり得ない融資です。融資の評価のほうが高いなんて。しかし融資が下りたとしても、これは買ってはいけません！

まず、この物件を買った瞬間に、資産として600万円（＝1100万円－500万円）の損失を出しています。さらに、建物が古すぎて修繕費用が結構高くつきます。

２番目に購入したのは、とある地方の1ルームの区分所有です。物件価格は約150万円（管理費と修繕積立金で月額約１万円が必要）。トイレは3点ユニットで駐車場はなく北向きで、バブルの頃にこの物件を最初に買った人の顔が見たいです（笑）。2008年に安さに飛びついて現金で買いましたが、入居者は付かず、20万円くらいの損を出して売却しました。

私が**失敗から学んだ知恵**としては……

①固定資産税評価や銀行評価が低い物件は、買ってはいけない。

②絶対的な価格が安いという理由だけで区分所有物件を買ってはいけない。空室率100％の危険がある。

③区分所有物件は管理費が大変高く、それだけでもリスク大。

こういう失敗があったからこそ、**利回り・資産価値ともに高い、一棟ものの共同住宅がベスト**だと学んでいったわけです。

step 3

不動産賃貸業の「プロフェッショナル化」作戦

12 最初はローリスクミドルリターンを狙え

ここまでStep1では、「片手間」で投資を開始するための流れを示しました。給与所得者か個人事業主かなどの違いによる、投資戦略の違いについても述べましたね。また、Step2では、物件のタイプをさまざまな切り口で分類し、それぞれの物件の特性に応じた投資テクニックを紹介しました。

このStep3では、前半でStep1で述べたことを復習しつつ、いかに不動産投資を「片手間」で拡大していくか、その方法を解説していきます。後半からは、いよいよ「プロフェッショナル化」作戦とその後の戦略についてレクチャーします。

投資初期に狙うのは全体的にバランスのいい物件

1棟目、2棟目といった初期の投資スタンスは、「ローリスクミドルリターン」です。不動産投資に対して未熟な時期なので、「ハイリスクハイリターン」を取りにいくのは止めましょう。

具体的には、ものすごく安い物件ではないけれども、築年数や所在地、利回り、間取り、積算評価額などの条件面で全体的にバランスがいい物件を選ぶようにします。Ｓｔｅｐ２で述べたように、収益物件にはいろいろなタイプがありますので、それぞれの特性について知識武装しましょう。

私が札幌市で１棟目（２件目）に取得した物件は、投資初期の物件としては理想的だと思っていますので、以下に具体的に紹介します。

この札幌市の物件は、私が重視している次のポイントをすべて満たしています。

①投資のメインは、ファミリー向け物件
（単身者向け物件の場合、近くに大学があるなど、入居募集に困らない物件）
②土地・建物の銀行からの評価額が、売価よりも高い物件
③表面利回りが、ＲＣ造で12％以上、軽量鉄骨造で15％以上

私の１棟目物件のプロフィール

物件の仕様	札幌市／築21年／RC／2DK×23戸
物件価格	1億400万円
融資銀行	スルガ銀行
満室表面利回り	12.5%
満室想定家賃年収	1300万円
積算評価	1億7000万円
そのほか	大規模修繕工事済み、駅から徒歩3分

④融資の返済金額が家賃収入の60％以下、理想は50％以下

札幌市のような地方大都市は、Ｓｔｅｐ2で述べたように、入居募集が比較的容易な地域です（ただし札幌市は、地方大都市としては家賃は割安で、特に単身者向け物件の家賃は格安な点に注意しましょう）。

ＲＣ造で23戸というサイズも、管理会社から見ると小さい規模ではなく、お金を落としてくれるオーナーとなり得ます。家賃は安めに設定しているので、入居募集もうまくいっており、ほぼ満室経営という状況です。

ファミリー向け物件で２ＤＫなので、需要が比較的大きいタイプです。駅からも近く、利便性も問題ないです。

この物件は、不動産業者が売主となっている、いわゆる「業者売主物件」（48ページ）でした。ですから、２年間の瑕疵担保も付いています（交渉して家賃保証も付けてもらいました）。また、大規模修繕を実施して引き渡しとなる条件でしたので、屋根の防水工事や外壁洗浄など、築20年程度の物件に必要な修繕は済ませています。

1棟目は「業者売主物件」を探してみよう

この物件は、「株式会社フリーダムインベストメンツ」(http://www.freedom-i.com)から購入しましたが、こういった業者売主物件を扱っている不動産業者は、ほかにもいろいろ存在します。

収益物件の検索サイト(15ページ)で「仲介手数料無料(売主物件)」といったキーワードで検索してみてください。業者売主物件の取り扱い業者や販売物件が探し出せます。

不動産業者が売却益を得るにしても、表面利回りが12%以上の物件もたくさんありますし、かなり好条件と思われる物件もときどきあります。また、**業者売主物件の場合、融資付けもその不動産業者が手伝ってくれる**ことが多く、投資初心者向きといえます。

逆に、不動産投資の拡大戦略が成功し、3棟目、4棟目を購入するようになってくると、業者売主物件のような至れり尽くせりの物件を購入する必要はなくなります。それよりも、不動産業者の仕入れに近い価格で取得する(任意売却や競売)ことが目標となります。

1億円程度の物件のいいところは、自分がどうしても売却したいときに、売りやすい点です。不動産は価格が低いほうが買い手が見つかりやすく、1億円よりも5000万円、5000万円よりも2000万円のほうが売却しやすいわけですが、1億円程度までなら、価格設定さえ正しく調整すれば、まず普通に売れていきます。それが2億円を超えると、多少難しくなっていきます。

■入居保証やリフォーム済みなどの物件もよし

さて、札幌市の1棟目のように、バランスのいい物件がどんなものかを学ぶうえで、「通販大家さん」(http://www.28083.jp) のメールマガジン (ウェブサイトで登録すると送られてくる) は、ぜひ参考にしてください。私もこのメルマガをチェックしていますが、紹介される物件は、1棟目の物件として合格点を出せるものが数多く存在します。

業者売主物件ではないものの、入居保証があったり、空室のリフォームを実施したうえで引き渡しをしたりと、初心者の不動産投資家が「片手間」でスタートするのに理にかなった物件が紹介されています。

また、収益物件の周辺情報 (病院、スーパーマーケット、学校など) もメルマガで確認できますから、収益物件を取得する際にはどのような情報を得る必要があるのかについて、徐々に理解が深まっていくと思います。

1棟目、2棟目などの投資初期においてもっとも重要なことは、不動産賃貸業としての経営状態を向上させていくことです。

最初からボロボロのＲＣ造を格安で取得したりすると、修繕やリフォームを施して入居者を獲得するまでに１０００万円以上の資金や1年以上の時間がかかったりします。手をかけること自体は間違っていないのですが、問題は、物件取得後１回目の確定申告する際に収益が悪いものになってしまう点です。

できれば、時間や資金面での効率を高めるために、１棟目や2棟目の収益物件は、すぐにいい結果が出て、その後の融資でプロパーローンを引ける（不動産賃貸業のプロ化が目指せる）ようにしたほうが得策です。

その結果、「片手間」でも不動産投資を容易に拡大できるようになります。

私自身も、**1棟目、2棟目は極端に高い利回りは重視せず、まずは安定した賃貸経営ができる物件**をアパートローンで取得しました。その結果、3棟目からは1、2棟目の実績が評価され、プロパーローンを受けることができ、低金利で満額の融資を簡単に利用できるようになりました。プロパーローンを利用できるようになると、自己資金をたくさん用意したり、個人属性の心配をしたりすることがまったくなくなります。

そうするとあとは、物件選択と賃貸経営の方針を立てることに専念して、不動産投資を拡大することができます。

1棟目は必ず「ローリスクミドルリターン」で

なお、給与収入が年間600万円未満、または、個人事業主という人の場合、アパートローンを利用してすぐに1億円程度の物件を購入することは難しいので、Step1で説明したように、最初は戸建や区分所有物件を2〜3戸、自己資金で購入します。

それを賃貸に出して不動産賃貸業者としての実績を作るか、日本政策金融公庫など「事業の初心者」にも融資してくれる金融機関から、頑張って融資を引き出し、2000万円程度までの物件を取得する方法を取りましょう。

それらの収益物件で賃貸業者としての実績を作り、プロパーローンを利用して物件取得をする方向に、かじを切っていくわけです。**ローンで1億円規模の物件を初めて取得する際は、やはり「ローリスクミドルリターン」のバランスのいい物件を取得**するようにしましょう。初めての物件で失敗すると、その先の拡大戦略が取れず、もう身動きのできない状態になってしまいます。

収益性が極端に高くない物件でも、築年数やエリア、間取りなどの面で入居者募集のしやすい物件は入居率が安定します。そうして、入居者や収益の確保と同時に、**事業者としての実績を作り、次の物件での融資を引きやすくすることも視野に**入れていきましょう。

13 融資につなげる2つの評価を重視せよ

融資についてはStep1で述べた通り、アパートローンとプロパーローンの2通りがあります。

給与所得が多い人は、その個人属性を大いに活用して、スルガ銀行などのアパートローンからスタートして、最終的には、プロパーローンを利用できることを目指します。

逆に、給与所得が少なかったり個人事業主だったりする場合は、アパートローンが使えませんので、自己資金を利用して戸建か区分所有を取得し、賃貸に出して不動産賃貸業を開始します。その後は、信用金庫や地方銀行などの「プロパーローン」を利用できるようになることが、やはり重要です。このローンを利用できることが、不動産賃貸業のプロ化への第一歩です。

不動産投資家が収益物件を探すときには、多くの自己資金がある場合を除き、銀行の融資を意識せずにはいられません。融資が通らないと買えないのですから当然です。

スルガ銀行やオリックス銀行のようなアパートローンを利用する場合でも、地方銀行や信用金庫のプロパーローンを利用する場合でも、**融資を受けやすい物件を選ぶ**という点は同じです。Ｓｔｅｐ２でも触れましたが、ここでは、融資を受けやすい物件について、さらに詳しく解説していきます。

銀行がもっとも重要視することは、貸し出したお金が回収できるかどうかです。そのうえで、利子や手数料などを通じて利益を確保することが重要です。つまり、貸し出したお金が戻ってこないようでは、どうしようもないわけです。ですから、銀行がお金を貸し出すときには、不動産などに抵当権を設定し、お金が戻ってこない場合にはそれを行使して、債権の回収に動きます。

抵当権を付けた不動産を処理する場合に、その不動産が高ければ高いほど、銀行としては貸したお金が戻ってくるわけですから、その不動産の価値を評価し、その評価額に合わせた金額を上限として融資してくれます。この不動産を評価する方法については、銀行ごとに独自の方法があったり、同じ評価方法だとしても掛け目（その評価よりも低く算定する比率）が違ったりします。

不動産の価値を評価する方法は、いくつかあります。

①固定資産税評価や相続税評価
②積算評価
③収益還元評価

④比準価格

①は、税金を徴収するために設定されたものです。

②は、多くの銀行が利用している評価です。この場合、土地は路線価、建物は築年数による減価によって計算しますが（41ページ）、銀行によって掛け目が違います。例えば、積算評価額に0・7を掛けて融資の限度額とする銀行もあれば、積算評価に0・9を掛けて融資の限度額とする銀行もあるということです。

スルガ銀行の場合、③の不動産の収益性に着目した収益還元評価も考慮しているらしいのですが、地銀や信金のプロパーローンでは、一般的に②の積算評価のみを使っているようです。

④の比準価格というのは、実勢価格と同じものと考えてください。

固定資産税評価を手に入れ、厳しく見積もる

さて、私がいざ収益物件を購入したいと思って動くとき、「健美家」「不動産投資連合隊」「楽待」といったウェブサイトで物件を検索し始めますが、興味がある物件については業者に資料請求をして、必ず**①の固定資産税評価も入手**します。

どうしてかというと、建物の固定資産税評価は、築年数によって減価した積算評価よりもさらに低いのが普通だからです（土地の値段は、固定資産税評価も積算評価もあまり変わりありません）。ですから、**固定資産税評価を見ることで、その物件の価値をより低く見積もる**わけです。

例えば、私の4棟目（5件目）、三重県鈴鹿市の物件は次のような状況で購入しました。

- 売買価格：8500万円
- 固定資産税評価額：1億2000万円
- 積算評価額：1億7000万円

固定資産税評価額は売買価格よりも高く、積算評価額はさらに高いという状況でした。そして、金融機関（私の場合、信金を利用）が判断した物件の担保価値は1億2000万円。信金の担当者に確認したところ、積算評価に0・7程度の掛け目をしているとのことでした。

担保価値の評価を積算評価額で行う以上、積算評価が高い物件のほうが、融資を利用しやすくなります。ただし、積算評価が高い物件は、固定資産税評価も当然のごとく高いです。固定資産税、登録免許税、不動産取得税などもろもろの税金も高くなりますから、あとあとの税金支払いには要注意です。

そして、高い税金を支払っても収益がしっかり出るような価格や融資状況（金利や返済年数）で、物件を購入することが大事です。私自身は、**固定資産税評価額程度の価格で物件を購入することを努力目標**にしています。そうすれば、プロパーローンでもおおむね満額融資が利用できることが多いでしょう。

ローンの返済割合は家賃収入の60％以下を厳守

融資については、家賃収入に占める返済金の割合にも気をつけましょう。

私の場合、物件さえ間違いなくいいもの（買値よりも積算評価額が高い物件）を選べば満額融資は可能なのですが、返済期間が短いと、月々の返済額は多くなり、利益が少なく、資金繰りが厳しいこともあります。ポイントは、**返済金の割合が家賃収入の60％を超えるような投資は止めておく**ことです。理想は、家賃収入の割合はより多く、返済金の割合はより少ない物件です。

融資を利用して収益物件を取得する場合、基本的に積算評価がある物件のほうがいいわけです。しかし現実は、積算評価が高い物件を探していると、ＲＣ造で利回りが低い物件ばかりを多く見つけがちです。ＲＣ造で積算評価も利回りも高い（つまり、収益還元評価も高い）という物件に出合う可能性は低いのですが、それでもまったくないわけではありません。

また、これも件数は多くはないのですが、木造や軽量鉄骨造などの軽量級物件の新しいもので、利回りもよくて積算評価もよくて、しかも融資期間が15年以上取れるような物件が見つかることがあります。軽量級物件は、最終的には売却してもいいですし、壊して更地にすることも比較的安くできますので、長期的に見てポートフォリオ（資産構成）に加えてもいいと思います。

ただし、利回り、積算評価、融資期間のどれもがいい数字となる軽量級物件というのは、人口流出の進む地方や郊外に存在することが多いです（私もインターネットでときどき見つけます）。あまりに入居者の需要がないところの物件を買っても仕方がないので、まずは**レントロール（貸借条件一覧表）**、**家賃設定、その地域の人口動態などを確認**しましょう。そのうえで入居者の募集が確実にできそうであれば、投資初期の1棟目、2棟目として購入してもいいと思います。

14 初めの一歩、スルガ銀行の活用法

通常、地方銀行は地域密着型で、銀行の営業地域内に融資を申し込む人の住所と投資対象の不動産がないと、なかなか融資を認めてもらえません。

ところが**スルガ銀行**は地方銀行であるにもかかわらず、全国の主要都市の多くに支店があり、**その支店さえ物件の近くにあれば、全国のいろいろなエリアにある収益物件に対してアパートローンを実行**してくれます。不動産投資家にとってはなくてはならない金融機関といえます。

収益物件への融資のタイプとしてはほとんどがアパートローンであり、プロパーローンでの融資はあまりやっていません。不動産賃貸業という事業に対する融資というよりは、個人レベルでの資産の構築を目的に融資してくれるという印象です。

不動産投資の初心者が、初めて収益物件を購入する場合でも、融資を実行してくれますから非常に重宝します。ただしネックを挙げると、給与収入の20倍程度までしか融資してくれませんし、給与年収が最低でも６００万円程度はないと、融資を実行してくれません。

かといって、給与の年収が６００万円あればいいというわけではなく、状況によっては

追加の担保提供を迫られたりもします。

とりあえず融資を受けて1年後に金利交渉を

このような特性のスルガ銀行ですが、現行（2012年1月）で4・5%という圧倒的に高い金利でも有名です。ただし、不動産賃貸の事業を初めてスタートする人に対しても億単位で融資をするわけですから、銀行のリスクを考慮すると、個人的にはこれくらいの金利でも止むを得ないとは思います。

なお、スルガ銀行に限った話ではないですが、**銀行の金利については交渉が可能**です。特に、最初は高い金利でも融資のハードルが低い銀行からとりあえず融資を受けて、賃貸経営が安定してきたところで金利の交渉をしていくのがいいと思います。

だいたい融資を受けてから**1年くらい経過して、賃貸経営も安定してくれば、金利の引き下げ交渉はやりやすく**なります。金利を下げてもらう代わりに、定期預金を作ったり、その銀行のカードローンを申し込んだりすることが必要になることがありますが、それは取捨選択しつつ交渉していけばいいでしょう。

最終的にはほかの銀行で借り換えをする方法もありますので、そのことも念頭に置きながら借りて、その後に金利交渉をするといいかもしれません。

15 次に狙うのは、ミドルリスクハイリターン

ここまでが前半で、「片手間」投資における初期段階の戦略を紹介してきました。ここからが後半です。いよいよ不動産賃貸業の「プロフェッショナル化」作戦と、その後の戦略について解説していきます。

1棟目、2棟目までの投資初期の物件選択については、前半で説明した通り、ローリスクミドルリターンを狙うのがもっとも理にかなっています。

そして、最終的には事業者向けのプロパーローンを利用することが融資の目標です。

プロパーローンには、次のメリットがあります。

①**フルローン**（満額融資）または**オーバーローン**（物件価格だけではなく不動産の諸経費も含めた融資）が利用できる可能性がある

②**金利は低い**ことが多い（私の場合、2％程度で借りています）

③物件の担保評価では積算評価を中心に（0・7などの掛け目を使って）行うことが多く、**評価がよければ入居率が悪い物件でも融資が通る**ことがある

④**給与がいくらかなどは問題にされない。**あくまで、不動産賃貸業のプロとして扱われ、

不動産賃貸業者としての実績を問われる

⑤融資額の上限がないか、あっても億単位のかなり大きい金額を貸し出す

アパートローンや日本政策金融公庫の融資が自己資金の有無も比較的重視するのに対し、プロパーローンでは事業性の良し悪しが重視されます。

ですから、担保価値があって事業が成り立つ収益物件を持ち込みさえすれば、フルローンが可能です。私自身はオーバーローンの経験はありませんが、人によっては物件価格以上のローンを受けたという話も聞きます。

格安物件や任意売却物件を狙え

プロパーローンを利用して狙うべきは、入居率が低いかあるいは相続で売り急いでいるといった、なんらかの理由で安くなっている物件、それに任意売却物件などです。

45ページでも説明したように、任意売却というのは借金(ローン)の担保とした物件について、その借金が返せなくなった場合に、担保物件を現金化するために売却することです。競売のような強制的な売却ではないので「任意」といいますが、任意売却が失敗すると競売にかけられることが普通なので、売主にとっては崖っぷちの売却方法なわけです。

ところで私は、任意売却物件の購入はお勧めしますが、一棟ものの競売物件についてはあまりお勧めしません。

競売物件の一番のネックは、物件内に自由に入って調査できないこと。物件によっては、室内を見ることができる制度を利用できるようですが、まだまだ一般的ではなく、調査の日程も限定されますので利用は難しいです。

競売については、あくまでリスクが限定される区分所有や戸建で、特に格安で落札できる場合にはいいと思いますが、収益物件一棟をまるごと落札しようとすることは、資金力のない個人向きではないでしょう。

その点、任意売却のほうが、より少ないリスクで、割安に収益物件を手に入れるチャンスがあります。

任意売却物件は通常、瑕疵担保がまったくない（何か問題があっても売主は責任を負いませんという）状態で売られるので、そういった点ではリスクはあります。

しかし、仲介に不動産業者が付いていて、通常の不動産取引と同様に、物件内容の詳細をたずねたり、物件の室内に入って目視したりすることも可能です。物件自体の調査を、購入する前にいろいろと進めることができますので、競売よりはかなりリスクを避けられるでしょう。

■ プロパーローンで、リスクのある物件を買い求める

相続などで売り急いでいる格安物件の情報が得られた場合には、決断も早く行う必要があります。この場合には、融資を利用するつもりであることを記載して買付証明書を出しておいて、あとはローン特約（ローンを利用できなかった場合、契約を無条件で白紙解除できる）を付けて物件購入の契約をしてしまいます。

金融機関については、買い付け・契約と並行して、融資してくれる銀行などを探して、審査を進めていきます。

投資初期の段階で、例えば、次のような状態で実績が安定していれば、プロパーローンの審査は通りやすくなるでしょう。

●アパートローンで購入した1棟目あるいは2棟目が満室経営できていること
●自己資金で購入した戸建物件に、入居者が付いていること

むしろ、こういう状態であれば、金融機関から「プロパーローンで融資しましょう」と言ってくると思います。

不動産賃貸業者としてのスキルが向上してくると、購入時に入居者が付いていなくて安

く売られていても、「この物件なら満室を目指せるぞ！」と見極める眼力も付いてきます。そのうえ積算評価の高い物件を見つけられれば、プロパーローンによる満額融資も使え、鬼に金棒です。

つまり、収益物件2件目以降で狙うのは、「ミドルリスクハイリターン」の物件です。**初心者が手を出すにはリスクもあってちょっと難しそうで、それでいて、しっかりと満室まで持ち込めばハイリターンとなる物件**を探しましょう。

私自身も、1棟目、2棟目は、最初から入居率も高くて管理状態のいい物件を購入しました。次に、その実績を利用して、3棟目からは空室の多い物件をプロパーローンと組み合わせて取得していきます。そして、入居率を高め、収益を改善し、さらなる実績を作っていくことに努めました。

こうした流れができ始めると、低金利での満額融資が使いやすくなりますから、拡大路線が加速していきます。

16 「攻め」と「守り」の投資を知りなさい

不動産投資を数年間継続していると、不動産投資には「攻め」と「守り」があるのだと感じるようになります。このことは友人の不動産投資家と話していて話題になったのですが、なるほどと思い、意識するようになりました。

攻め　外部成長（拡大路線）
例：物件取得
守り　内部成長（質の向上）
例：空室対策、経費節減、リフォームコスト削減

私自身、現状では拡大路線を継続していますから、「攻め」の不動産投資が中心です。もちろん、空室率が低下するように動いたり、リフォームのコストも下げるように働きかけたりしていますが、本格的な「守り」の部分については管理会社などに依頼して「片手間」で済ませているわけです。

例えば、取得した物件のリフォームは最小限に、大規模修繕やリノベーション（大幅な改修）はできるだけあと回し……。そんなふうに次の物件を取得する拡大路線だけでは、守りのバランスに欠けています。そのツケはいつか回ってきますので、**拡大路線と並行して、物件の質を向上させる「守り」の投資にも目を向ける**ようにしたいものです。

「攻め」の投資方針はあなたしか決められない

ただし本書では、あえて「攻め」の不動産投資をメインに解説しています。なぜなら、物件取得などの拡大路線は、事業主であるあなたしか方針を決められないからです。

一方、「守り」の部分については、管理会社に外注し、「いかに『片手間』でバランスよくこなすべきか」に焦点を当てて紹介しています。

本来ならば、手間と時間をかける「守り」の投資方法についても詳しく解説すべきですが、空室対策やリフォームコストの削減などは、ほかの不動産投資本でもよく触れているところですので、本書ではあまりページを割いて解説はしていません。

私の場合、空室やリフォームについては、管理会社や専門のコンサルタントの協力を得て、対策を立てています。その方法については、Ｓｔｅｐ４の管理の章で詳しく解説していきます。

17

「安くて資産価値の高い物件」を作り出す！

物件を安く仕入れるためには、任意売却や相続などで売り急いでいるタイミングを狙う方法があります。実は、それ以外にもとても簡単な方法があります。

みなさん、「指値《さしね》」という言葉は聞いたことがありますよね。「〇〇円で売ります」「〇〇円だったら買います」という価格のことですね。とてもシンプルですが、不動産投資家にとっては大変重要な武器になります。

私の3棟目（4件目）の岐阜市の物件は、指値によって1000万円を値引いてもらい、3000万円という価格で購入を決めました。指値をすること自体は簡単です。

まず指値をしやすい物件を見分けるための、簡単な方法があります。それは、**長期間売れ残っている物件を見つけること**です。

収益物件の検索サイトによっては、売れ残っていることが日付でわかる場合もありますが、多くの物件は掲載日を新たに更新してしまうため、売れ残りなのか新しい物件なのかがわかりにくいものです。長期間の売れ残り物件をチェックするにも、日頃から「健美家」「不動産投資連合隊」「楽待」といった収益物件の検索サイトをサッとでも見ておく習慣をつけましょう。

すると、「あ、この物件はかなり前からネットに出てるなあ」と気づくものです。

また、徐々に値段が下がってきている物件も要チェックです。値段を下げてくる物件は、「値引きをしてでも売りたい」という売主側の気持ちの表れです。そういう物件については、ぜひ不動産業者（売買を仲介している業者）に問い合わせをしてみてください。その物件の売主の状況を聞いて、どの程度、売りたい意欲があるのかを探りましょう。

なお、**売れ残っているからといって、決して価値が低い物件というわけではありません。**売れ残っているのは、価格と価値のバランスが取れていないだけの話です。値下がりしていくことで、その物件の価値に見合った適正ラインに、価格が近づいていっているのです。

元値6500万円を、1年かけて3000万円で指値

前述した岐阜市の物件は、私が取得する1年くらい前には6500万円くらいで収益物件の検索サイトに出ていました。それが、数ヵ月が経ったある時期に4500万円になっていたのです。

さっそく仲介の不動産業者に問い合わせをして、一度見に行きました。物件自体は特に悪いものではなく、固定資産税評価額でも4500万円くらい。資産価値と比較すればそ

う悪い物件ではありませんでした。でも、4500万円では表面利回りが11～12％。まだまだ低い利回りだと判断し、購入については保留にしたのです。

それからさらに数ヵ月が過ぎ、今度は4000万円になっていました。そこで3000万円の指値を入れ、結果、最初に物件情報を見つけたときから、1年ほどかけて購入することができました。

固定資産税評価額で4500万円ということは、積算評価額はもっと高く、プロパーローンで3000万円の満額融資を利用することができました。

■これなら資金繰りに困らない！　指値の計算方法

強気で指値を入れるためのひとつの手として、**金融機関の融資を先に打診しておく**という方法があります。この場合、金融機関が正式に稟議に上げるには物件購入の契約書が必要なこともありますが、金融機関や担当者によっては、契約書がない状態でもとりあえず稟議を通して、その後に買い付けや契約に動けることもあります。

一回プロパーローンでの融資をしてくれた金融機関では、担当の人に直接お願いすると融資が可能かどうかを先に検討してくれたりします。融通が利くようになるというわけです。物件への融資が可能かどうかが先にわかれば、**「自分にはその物件を買う力がある」**

ということを主張できますので、それなりに強気で指値を入れられるものです。

では、どの程度の指値をして物件を買うべきか判断すればいいかというと、それは人それぞれです。

不動産投資の教材などでは「こういった計算をして、こういう値が出たら、その数字を指値として使う」という解説が出てきますが、物件は安ければ安いほどよく、あえて指値の範囲を限定する必要はないと思います。

もちろん利益が出なければ困りますし、収支でプラスが出なければ、資金繰りは悪くなります。そこで私がお勧めする**指値の計算法**とは、次のような方法です。

①満額融資が出る価格を考慮し、**積算評価額の7〜8割**とする
②融資期間を残存耐用年数とほぼ同じと考え、**金利2〜3%で満額融資を受けた場合の返済をシミュレーション**してみる。**金利3%でも、毎月の返済額が家賃収入の50%以下であれば安全域**と考える

ただし②では、満室想定の家賃設定自体を厳しく見るようにしてください。また、1階に店舗などがある物件の場合、店舗の家賃は半分として計算するようにします。

仲介してくれる不動産業者に、**①②で想定した価格よりさらに1〜2割安い値段を口頭**

で打診してみます。「この価格だったら、購入を決められるのだけど、どうですかね～？」と探れば、結構な確率で、その指値が可能かどうかを教えてくれます。ただしこの場合、不動産業者は元付業者（１４０ページ）でないと、売主の情報がわからないので注意してください。

そうして打診してみて**無理そうであれば、①②で想定した価格を伝えて、「これ以上高い値段は無理」**と言えばいいでしょう。

物件に魅力がある場合は、多少は高い金額で妥協するのも手ですが、物件を欲しい気持ちが強くなると妥協点（出してもいい価格）が高くなってしまいますので、過度な思い入れを持つことは禁物です。

指値をする価格が決まってきて、仲介してくれる不動産業者にもその金額を明確に伝えたあと、買付証明書にその価格を書いて不動産業者に提出します。そして、買付証明書を出す前に必ず物件を見に行ってください。なお、買付証明書自体は契約書ではありませんから、あとからキャンセルしたり契約条件を変更したりということもできなくはないのですが、やはり商道徳やマナーとしては問題があります。

必ず物件を見に行って自分で納得できる数字を記入するようにしてください。

18 知る人ぞ知る任意売却の情報をつかむ

任意売却というのは、前述の通り、抵当権の付いている物件の借金が返せなくなったとき、債権者側が資金を回収するために、債務者任意での売却を進めることです。

任意売却とはいいつつも、実際には「任意で売るかどうか決めたい」と悠長なことは言っていられない状況なわけで、任意売却がうまくいかないと、競売にかけられて強制的に売却されてしまいます。つまり、任意ではあっても選択肢はないわけです。

時には、借金の担保の抵当権だけではなく、固定資産税など税金の滞納もあります。税金の滞納があれば、法的に差し押さえられる場合がありますので、その直前で、任意売却されていくわけですね。

インターネット上にもある任意売却情報

重要なことは、相場より安い任意売却の情報をいかにして得るか、ということです。

任意売却だからといって、特殊な取り引きではありませんので、仲介する不動産業者がいて、通常の不動産取引と同じように進みます。

任意売却情報は、実はインターネットの収益物件の検索サイトでもときどき見かけます。物件価格を見るとそれほど安くないものもありますので、任意売却とひと口にいっても、**実際にはどれほど早く売却したいか、安くてもいいから売却したいのかなど、個々の案件によって価格に差があります。**「超」が付くほど売り急いでいるのでなければ、多少高めの価格設定から売却を開始することもあります。

収益物件の検索サイトなどで「任意売却です」と書いてあるものについては、88ページで紹介した方法で指値をしてみるのも手です。元付業者であれば、どの程度まで下げることができるのかを把握している場合もありますので、少し探ってみるといいでしょう。

非公開の情報を手に入れる!

インターネットの物件検索サイトから直接任意売却の情報がすべて得られればいいのですが、一般的には任意売却情報はインターネットのような開かれた情報として存在することは少ないです。どうしてかというと、それは任意売却の性質によります。

任意売却の案件は、たいていは金融機関や弁護士事務所などから発生します。それは、借金(ローン)が返済できなくなり、担保物件を処理する必要が出てくるからです(弁護士事務所からは、債務整理の依頼を受ける中で案件が発生します)。

金融機関や弁護士事務所は、信頼できる不動産仲介業者に物件の売却を依頼します。ここから一般の投資家へと情報が徐々に流れるわけですが、不動産業者は、最初は「買える人」にしか情報を流しません。例えば、現金で物件を購入する投資家や、属性がよくて融資を簡単に引ける投資家、そして転売目的で安値で購入したい不動産業者などです。最初に情報を広く流しすぎると、「買えないけれど欲しい人」からの買い付けが入ったり、契約がうまくいかなくなったりで、任意売却の処理が進まなくなるからです。

その「買える人」の次に、「準・買える人」に情報が流れます。これは、過去に物件を買ってくれた顧客や、収益物件の検索サイトなどから物件資料の請求があった人たちです。

これらの人については、ある程度の個人情報を得て素性がわかっていて、かつ物件を積極的に買いたいという層です。もうおわかりになりましたよね。任意売却情報を簡単に手に入れるには、**インターネットの収益物件の検索サイトから、興味がある物件について積極的に問い合わせていく**ことです。住所や携帯電話番号などの個人情報と自己資金の金額については、できるだけ詳細に記載したほうがいいです。

個々の不動産業者によっても温度差がありますが、いくつかの業者に問い合わせを続けていくと、必ず任意売却などの非公開情報を流してくれる業者が現れます。

融資の打診や現地調査、買付証明書はスピード重視

そして、よさそうな任意売却情報を得たら、**いち早く、プロパーローンを利用できる金融機関に打診をしてみる**べきです。

私の場合も「これはいいかも！」と判断したら、すぐになじみの信用金庫の担当者に電話を入れます。「資産価値が高くて利回りもいい物件があるんです。資料を取り寄せたから見ていただきたいので、今日か明日持って行っていいですか？」といった感じです。

同時に、物件の調査を進めるため、時間がないなら夜でもいいので、いち早く物件を見に行きます。買い付けを入れるべき明確なタイミングはありませんが、早いに越したことはありません。通常は、**買付証明書を受け取った順番で1番手、2番手と交渉権を決めます**。買付けを出しただけであればキャンセルもできますので（あまりいいことではありませんが）、どうしても欲しい場合は早めに買い付けを入れるしかないと思います。

なお、プロパーローンを利用して数棟の物件を持つようになってくると、物件情報が自然に得られるようになることもあります。「あの人は、買える人だ」と思われるようになるのでしょうね。過去に少し関係があっただけの不動産業者から、なぜか突然いい情報が舞い込んできたり、管理会社経由で任意売却の情報が入ってきたりもします。

step 4

賃貸経営の鍵は管理会社とのパートナーシップ

19 物件管理は管理のプロに任せなさい

ここまでは、主に融資を利用する方法、投資を拡大する方法について述べてきました。Step4では、物件の経営、管理について解説していきます。さまざまなノウハウを組み合わせることで、「手間は最小、成果は最大」の賃貸経営を目指しましょう。

手間といえば、収益物件の管理について、あなたはどれだけ自分の手をかけようと考えていますか？

自分ですべての管理をやろうと思っている人は少ないと思いますが、「リフォームだけでもやろう」とか「家賃の回収業務のみ外注して、あとの入居者からの対応は自分でやろう」などと考えている人もいるかもしれません。

しかし、「片手間」投資では、物件管理は管理会社に任せるようにします。収益物件の管理会社というのは、ありがたいことに**家賃の3〜5％程度の管理費**で、大変な作業量をこなしてくれます。その労力は本当にビックリするほどですが、彼らはプロフェッショナルですので、効率よくこなしていきます。

例えば、管理会社は次のような仕事をしてくれます。

- 家賃の回収、家賃の支払いが遅れた場合には督促
- 入居、退去時の精算
- 防火設備や水道設備などの、定期的な点検
- 入居者からのクレーム対応
- 入居募集や、客付業者との対応

正直、これらの業務を「片手間」でやることはほとんど不可能です。私は100戸以上の物件を所有していますが、100戸についてこれほどの対応をすべて実施することは当然不可能ですし、そもそも、物件が札幌にあったり岐阜にあったりで、物件への移動だけでも大変です。

たとえ、自動車で30分以内に移動できる物件だけを所有していたとしても、自主管理は「片手間」では無理だと心得てください。**入居者の大事な「住」環境を維持管理するためには、任せるべきところはプロの手に**委ねて、必ず管理会社を利用するようにしてください。

ただし、投資初期に戸建賃貸を持っていたりする場合には、この限りではありません。3戸程度までの戸建賃貸であれば、あまり手間がかからず、自主管理は難しくないからで

す。

基本的に、一棟買いをして以降は、管理会社を利用するようにしましょう。家賃収入の3～5%程度を支払えば、管理してくれる会社はいくらでも探せます。このとき、物件の清掃については、管理費に含む場合と別料金の場合がありますので、きちんと確認しておきましょう。

管理会社は、例えば管理費が3%、毎月100万円の家賃収入がある物件でしたら、月に3万円ですべての管理をしてくれるわけです。**仕事内容からしたら管理費の相場というのは格安**だと、私はいつも感じます。

収益物件の管理費が安い理由

どうして管理費はこれほど安いのでしょうか？　また、安くすることができるのでしょうか？

安い理由の第一は、競争原理が働くためです。

第二に、収益物件の管理費というのは比較的安定した収入となりますので、利益があまりなくても管理を引き受けてくれます。

さらに、物件数の増大による効率化という理由も大きいです。管理会社では通常、担当者1人当たり10〜20棟程度の物件を管理しています。家賃の回収のみ、別の会計担当者が行う場合もありますが、たいていのことは管理担当者が行うわけです。仕事はリフォームの外注やクレーム処理、入居募集のための資料作りなど多岐にわたりますが、ある程度の物件数があったほうが、効率よく業務をこなせるようです。

効率的に作業ができるノウハウを持つと、管理費を安く設定しても、管理会社としては利益を出せるわけです。

こういった管理会社の特性から、**私たち大家が自主管理をするよりも、管理会社に任せたほうがよほど効率的**でしょう。家賃収入の3〜5%を支払うだけで、これほどの仕事をしてくれる有能な外注先を、使わない手はありません。

もしもあなたがサラリーマンや別の事業をしておらず、たとえ専業大家だったとしても、管理会社に任せることをお勧めします。なぜかというと、例えば自主管理で手間をかけて2棟を管理するより、管理会社に手間をお任せして5棟を経営したほうがいいからです。

また、管理会社を利用したほうがいいわけは、もうひとつあります。それは、**入居募集をするためのシステムが管理会社に存在する**からです。そのシステムについては、次項で詳しく解説していきましょう。

20

この質問で信頼できる管理会社がわかる！

入居率が低くなり、借金の返済が滞って任意売却されてしまった物件を見てみると、かなりの確率で大家の自主管理だったりします。

そういった物件で一番の問題となるのは、入居者を決める客付力の弱さ、さらに入居率が低下すれば家賃収入が減り、最後はリフォーム費用もなくなるという悪循環です。リフォームできず、入居できる部屋もない、そうなると、大家さんによる再建は困難です。

ところが、最初から管理会社に入居募集まで任せておけば、そのような結果になることは少ないわけです（ただし、賃貸経営に失敗する大家さんがいるからこそ、私の物件には入居が決まり、任意売却される物件が出てくるという現実がありますが……）。

管理会社自体が入居者を探すことは、一般的には稀です。通常は「客付業者」（129ページ）と呼ばれる賃貸仲介のプロにお願いし、入居が決まったら成功報酬（広告費）として家賃の1～2ヵ月分程度を支払います。

この**広告費をケチることもお勧めしません**。地域の事情にもよりますが、私の物件では、家賃2ヵ月分を入居付けしてくれた業者に広告費としてお支払いしています。

「家賃2ヵ月分も払ってしまうと損ではないか？」と思われる人もいるかもしれませんが、2ヵ月以上の間、空気を住まわせておくよりも、家賃を支払っていただける入居者を早めに見つけたほうがいいでしょう。

なお、広告費について少し注意すべきは、2ヵ月の家賃に相当する広告費を払うときに、**管理会社が広告費の一部を抜いていないか**、という点です。

私は初めて管理をお願いする会社には、思い切って

「御社は、広告費をすべて客付業者に渡していますか？」
「リフォームを依頼するときに仲介料を取っていませんか？」

と聞くことにしています。これは、大家にとって信頼できる管理会社かどうかを推し量る質問です。それで「はい、20％抜いています」と答える会社には、まずお願いしません。

なぜなら、そういう管理会社は、大家の利益の最大化を目標とするのではなく、大家からお金をむしり取ることを考えているからです。優れた管理会社は、大家の利益を最大化してくれ、その結果として自らの収益を上げているものです。

手間のかかる大家は客付業者から敬遠される

自主管理をすると、入居付けがうまくいかないことが多いのですが、その大きな理由の

ひとつに、**客付業者と大家との連携がうまくいっていないケース**があります。

客付業者は当然プロフェッショナルですから、効率よく入居付けを行って、少ない手間で仲介手数料や広告費を稼ぐほうがいいわけです。

管理会社も管理のプロフェッショナルですので、客付業者とうまく連携して、お互いが効率よく作業を進められるよう、努力をしているはずです。例えば、契約書の書式から入居手続きがスムーズに進む方法まで、パターン化して用意されています。

ところが、大家が自主管理をしている物件では、入居手続きが煩雑だったり、手続きに時間がかかったりすることがあります。そういう手間を客付業者は嫌うわけです。

客付業者は賃貸仲介を専門としていることが多く、薄利多売の商売をしています。仲介する数が多くないと収益が上がりませんので、ひとつの仲介に手間や時間をかけてはいられないのです。

以前に、私自身が住むための賃貸物件を探していたときの話です。仲介業者の店舗に行き、よさそうな物件を見つけました。仲介業者がその物件を自主管理している大家さんに電話をかけたところ、「入居希望の人は、私が面接してから決めますので、うちまで来てください」と言われました。「なんだか面倒くさそうな大家さんだな」と思い、入居は断りました。これは、入居募集を煩雑にしている自主管理の悪い例でしたね。

21 リフォームはどこに依頼するのがベストか

収益物件のリフォームについては、熱心な大家さんの場合、自分で発注をしたりリフォームをしたりすることもあるようです。ですが、「片手間」投資では、あなた自身がリフォームを発注することはありませんし、ましてや、自分でリフォームすることはあり得ません。

あなた自身がリフォームする時間があるのでしたら、自分の本業を充実させることをお勧めします。リフォーム工事については、プロにお任せするほうが断然いいです。自分でリフォームしていけば、もちろん費用は安くなり工事のスキルも上がりますが、あえてトライする必要はないと思われます（それが趣味ならかまいませんが）。

さて、リフォームを業者に任せるとして、どの業者に任せるかが問題です。

これについては、**管理会社に依頼**してください。管理会社から、過去に依頼した業者の中で、もっともその工事に合っているリフォーム業者へ見積もりを依頼してもらえばいいわけです。複数のリフォーム業者からの見積もりが必要だと思えば、管理会社に相見積もりを取ってもらうようにお願いしましょう。

でも、「管理会社が依頼する業者だと、わざと高い見積もりを出してくるかもしれない」と不審に思ってしまう場合には、大家自らが1つか2つの業者に見積もり依頼をしてもいいかと思います。でも、たいていは管理会社を通じて見積もりを取った業者と大差がなかったりします。

実は、管理会社自体が、「安い値段で、仕上げもいいリフォーム業者」を探しているわけです。それに前述した通り、信頼できる管理会社は、大家の利益を最大化しようと動いてくれますので、自ずと優良なリフォーム業者を選んでくれます。

また、同じ管理会社から、そういった優良なリフォーム業者に外注する仕事が増えると、管理会社にとってもリフォーム業者にとっても効率がよく、お互いの仕事がしやすくなります。

リフォームについて気をつけるべきは、**管理会社が工事費をピンはねしていないかを確かめる**ことです（103ページで説明したように、直接、聞いてみるといいでしょう）。

よく知られた大手の管理会社の中でも、ピンはねをしているところは結構あります。そういう会社は、大家から過度に利益をしぼり取ろうとする傾向が強いですから、そのまま継続して管理を委託するべきかどうか、よく検討してみてください。

22 ツテがなくても優良管理会社を見つける方法

今まで解説してきた管理会社に関する話は、基本的に管理会社自体が有能であることが前提となっています。世の中には、非常に優れた管理会社から能力の低い管理会社まで、そして、ある分野の対応には強いけれどもほかの分野では力を発揮していないところなど、さまざまな管理会社が存在します。中でも、優れた管理会社に委託することは、もっとも重要な課題です。

では、優れた管理会社の条件とは何でしょうか？　以下に、その条件を挙げておきます。

①大家の利益を第一とする。その結果、管理費で利益を得ている
②土地と建物の管理が丁寧である
③家賃収入についての会計報告が正確である。また、報告書も見やすく丁寧である
④リフォームの提案が的確である
⑤行動が早い
⑥入居付けに優れている

①の**大家の利益を第一とする**のは大前提です。

逆に、大家から利益を得ようとする管理会社の場合、大家と管理会社はそれぞれ相反する（大家が損をして、その分、管理会社が得をするような）利益関係にありますので、長期的にはトラブルが起こる可能性が高いでしょう。

しかし、大家の利益を第一とする管理会社とパートナーシップを組めば、**満室経営を目指すという同じ目的**にたどりつくことができます。

私が以前、利用していた札幌市の管理会社で、②の**管理の丁寧さ**と③**会計報告の正確さ**については優れているものの、④**リフォームの提案**、⑤**行動の早さ**、⑥**入居付け**については、イマイチだなと感じる会社がありました。

札幌では十分に大手の会社でしたし、最初にその収益物件を取得したときの管理会社だったため、そのまま契約を継続してみたのですが、次第に、大してかっこよくないうえに価格の高いデザインリフォームを提案してきたり、何かを私からお願いすると「次の会議まで答えられない」と言われたりして、徐々に不信感が募り始めました。

それでも、⑥の入居付けに優れていれば、管理会社を変更することはなかったかもしれませんが、やはり入居付けも甘く、徐々に入居率が落ちていきました。

ブログやメールマガジンで大家仲間の輪を広げる

では、知らない土地で優れた管理会社を探すには、どうしたらいいのでしょう？

実は意外と簡単な方法があります。それは、大家仲間にたずねることです。「大家仲間なんていないよぉ〜」と言うかもしれませんが、最近では、先進的な経営戦略を持つ大家が増え、ネット上のいろいろなところで連絡が取れるようになりました。

例えば、「大家　ブログ」などで検索して、大家のブログを見て、そこにあるアドレスにメールを送れば、運よく返信されてくるかもしれません。ほかにもメールマガジンのポータルサイト「まぐまぐ！」から、不動産部門、賃貸経営部門の分野のメールマガジンをたくさん登録する方法もお勧めです。

私自身、メルマガは片っぱしから登録していて、一時期は100件くらい登録していました。ざっと斜め読みして、有用な情報を送ってくれるメルマガは取り続けて、そうでないものは解除すればいいだけなので、そんなに大変なことではありません。

そうして、**メルマガを読んで疑問や相談事があったら、そのメルマガに直接返信**してみてください。配信者本人に届きます。

私もメルマガを書いているから言えるのですが、読者からのメールは、それが質問でも相談でも大変うれしいので、丁寧にお答えしています。

つまり、たくさんのメルマガ配信者に**「○○県△△市で、優秀な管理会社を探しています。どこかいい会社があれば、ぜひ教えてください」**と聞いてみると、意外と多くの情報が集まると思います。

ほかにも、ブログやメルマガを利用すると、融資についての新しい情報や、物件の売買情報など、ほかにも多くの情報が得られますので、ぜひ利用してみてください。

現在、私が委託をしている管理会社は、札幌市の2棟で1社、岐阜市の1棟で1社、三重県の2棟で1社と、全部で3社あり、どの会社もそれぞれに個性があり、おおむね満足しています。どの会社も大手ではなく、小さな会社ばかりです。

もしも、読者の方で管理会社を紹介して欲しいというご希望がありましたら、私のメルマガ「精神科医のアパマン経営」にご登録のうえ、配信されるメールに対して、用件を記載して返信してみてください。

私が大手の管理会社を積極的に選ばない理由

大手の管理会社では、その会社の基準を満たす物件を「自社管理物件」と称して、管理と同時に客付けもその会社で行ってしまうことがあります。そういった会社は、客付業者としても大手だったりしますので、自社管理物件しか入居希望者に紹介しないことがあります。

私としては、いかに大手とはいえ、次のような管理会社に依頼することはお勧めしません。

①自社管理物件、特にサブリース（一括借り上げ）のような家賃保証をしている物件に、優先して入居付けをする
②仲介手数料や広告費を得るため、入居付けを他社に依頼しない
③リフォーム工事の費用を中抜きしている
④大家の利益を優先せず、大家からも入居者からも過度に利益を得ようとする

すべての大手の管理会社に必ずこういう傾向があるというわけではないですし、逆に大手だから安心ということもないので、気をつけてください。

また、私が依頼している管理会社のように、大手でなくても入居付けの能力や土地・建物の管理能力が高く、管理費が安いところは結構あります。小さいところでも、積極的に管理委託するメリットはあると思います。

23 管理会社といい関係を築く7つのノウハウ

土地・建物の管理が悪く入居付けもまったくできない管理会社との関係を、無理に保っている必要はないわけで、時には見切りも必要です。

私が管理会社との関係をとりわけ重視するのは、「片手間」投資の実践のためには、**管理会社との関係がもっとも重要なポイント**のひとつだからです。

管理会社を利用するのは「管理の外注」のためですが、ただ単に仕事を外注する相手という認識ではダメです。私自身にとって管理会社のスタッフは、「身内と同様に大切な存在」です。

近くにある物件も遠くにある物件も、管理会社さえ有能であれば自宅からの距離はあまり問題とはなりません。どちらかといえば、収益物件と管理会社との距離が遠すぎるほうが問題です。

以前、物件から車で1時間強のところにある管理会社に頼んでいたことがありました。案の定、その物件は客付けがうまくいかず、徐々に入居率が低下して一時は50%程度にまで落ち込んでしまいました。物件と管理会社の距離がすべての問題ではなかったものの、少なくとも物件と管理会社は近いほうが、入居者募集やクレームに対応してもらうにも何かと安心です。

管理会社のスタッフと良好な関係を築くコツ

大家と管理会社の関係で一番気をつけるべきなのは、管理会社のスタッフにいかに気持ちよく働いてもらうかということです。それには、管理費という形で彼らに支払われる対価も関係しますが、別に管理費を多く払えばすべてがうまくいくというわけではありません。

そこは人間と人間の関係ですから、良好な関係を築くには、ちょっとしたコツがあります。私が管理会社によく働いてもらうために気をつけている点を挙げておきます。

①あまりにも細かいことは気にしない
②丁寧な言葉遣いに気をつける
③「一緒に頑張りましょう」という言葉をかける
④嫌な内容でも、できるだけ率直な意見を言ってもらう
⑤メールと電話を駆使して、意思疎通に努める

⑥1年に最低2回程度は、直接顔を合わせる（手みやげを持参で）
⑦お金を払うところは、ケチらずに払う

①②の**あまりにも細かいことを気にしない**、また**丁寧な言葉遣い**については、一般的な社会常識として考えてもらえればいいと思います。重箱の隅をつつくような細かい注文を付けるのは、慎むべきだと思います。

不動産業界には、結構「いい加減、適当」なところがあります（もちろん、すべてがそうではないですが）。不動産賃貸業者になった時点であなたもその業界の人間ですから、「郷に入っては郷に従え」です。あまりにも細かいことに神経質になっては、管理会社からも疎まれることになります。

適切なことと重要なことをはっきり伝えるにしても、細かくてしつこいことは止めましょう。言葉遣いについては、通常の丁寧語で十分です。

大家が管理会社にお金を払っているからといって、決して大家の立場が上なわけではありません。基本的に、大家と管理会社は対等な立場だということを忘れないでください。

③の**「一緒に頑張りましょう」という言葉は、とても重要**です。大家によっては、「管

理会社さん、頑張ってね」と上手に表現する人もいます。

大家と管理会社は対等な立場のビジネスパートナーであり、重要な外注先です。そう心得ていたら、「私も頑張りますから、あなたも頑張ってください！」と積極的にねぎらいの言葉が出てくるはずです。そういう言葉を使うことで、ビジネスパートナーであるという大家のメッセージを表現しましょう。

④嫌な内容でも、できるだけ率直な意見を言ってもらうというのは、重要だけれども大家としては理解しにくい部分だと思います。管理会社のスタッフは、大家に「悪い話」をすることは嫌がるものです。

例えば、「今月末で3室の退去があります。一室はリフォームに50万円くらいかかるほど、ボロボロです」なんて話は、管理会社のほうでもできれば話したくないわけです。大家の利益になる内容は話したいけれども、大家の不利益になることを話すのは大変なストレスです。

けれども、こういった「言いにくい内容の話」の中にこそ、賃貸経営をするうえでの重要なヒントが隠されていることがあります。管理会社もプロですから、主張するべきことはもちろん言いますが、「ここの設備をこういうふうに変えたら、もっと入居が決まりやすいんだけどな……けれど言いにくいなぁ」という思いも、たくさん持っているはずです。

そういった意見を聞き出すには、日頃から、聞きたくない話を聞いても感情的にならないようにしたり、管理会社をむやみに責めたりしないように気をつけて、**「言いにくい内容の話」を聞き出せるように**していきます。

⑤メールと電話を駆使して、意思疎通に努めるというのは、「片手間」投資を行ううえでは工夫しなければいけない点です。

個々の大家によって、「この時間は電話ができるけど、この時間はできない」「この時間は電話は無理だけど、メールなら可能」などといった差があると思います。例えば私の場合、平日の日中は比較的電話をしやすいのですが、夕方以降や休みの日は電話では話しづらかったりします。また、パソコンのメールには結構頻繁に目を通すほうですが、それでも携帯メールで受信したほうが、早くチェックすることができます。

そうすると、急ぎの連絡は、平日の日中であれば電話か携帯メールで、それ以外の時間帯であればとりあえずメールをもらうのがベストです。

また、最近では東日本大震災の後にメールが見直され、どの携帯キャリアでもＳＭＳ（短い文字メッセージを送受信するサービス）が通じます。これは、お互いの携帯番号だけでメールを送れるシステムで、相手の携帯番号さえわかれば互いの携帯会社が違っても問題ないですし、メールアドレスを知らなくても短いメールを送ることができます。急ぎの連絡はこれで簡単にできます。

また、管理会社との難しいやり取りについては、**電話でいろいろと話や意思決定をしたあとに、メールで簡単に確認**したほうがいいです。この方法で、細かなやり取りは電話で、その結果の確認にはメールで、というように、うまく使い分けて、お互いの意思疎通を高めていきます。

⑥1年に最低2回程度は、直接顔を合わせる（手みやげを持参で）というのは、結構重要なことです。なのに、管理会社のスタッフとお会いするのは、1年に1回くらいの頻度になってしまうことがあります。

私の理想としては、季節に1回程度、つまり1年に3、4回は管理会社のスタッフとお会いしたいと考えているのですが、時間的な制約からそれが難しいことがあります。最低半年に1回程度、つまり**1年に2回くらい顔を合わせるようにしていると、人間というのはお互いに親近感を保てる**と思います。

私の場合、札幌市の物件は遠いですが、春と秋を狙って、日帰りでもいいのでできるだけ物件自体のチェックと管理会社のスタッフへのねぎらいを兼ねて、現地まで行くようにしています。札幌市内まで行けば、あとは管理会社の車に乗せていただいて2棟の物件を見に行き、時間があれば昼食を一緒に摂って、その後飛行機で帰宅することが多いです。

常に満室に近い物件の管理会社ほど、顔を合わせることが少なくなりますから、やはり物件の現地へ行くことと管理会社のスタッフと顔を合わせることは、1年に2回くらいは積極的に行うようにしましょう。

⑦**お金を払うべきところは、ケチらずに払う**というのも、管理会社によりよく働いてもらうためには、大変重要なことです。

設備が故障したり、リフォームするべき段階になったときに、それにお金をケチりすぎてはいけません。もちろん、リフォームの見積もりなどはいくつか取ることも可能ですが、例えば「網戸が壊れています。1万円くらいで直せそうですが、どうしましょう？」などと提案されたときは、即答して実行してもらいます。

相見積もりを取っても大して差が出ないような修繕などは、すぐに実行してもらうのがベストです。

24 遠方物件の購入が心配な大家さんへ

数棟の収益物件を所有するようになると、そのうちのいくつかは、遠方にある物件であったりします。私も、物件の2棟は札幌市ですので、中部地方に住む身としてはかなり遠く、ほかにも、自動車で2時間程度の距離にある物件もあります。

遠方の収益物件を購入することに不安がある人も多いと思いますが、物件がよく管理会社の能力さえ高ければ、特に問題はありません。緊急的な事件・事故が発生したとしても、たいていは電話とメールで管理会社とやり取りでき、対処してもらえます。

それよりも**大家として、管理会社との関係をどれほどよい方向に深められるかが重要**で、単純に距離が遠いことが問題となるわけではありません。

私の場合は、平均して1年に2回くらいは札幌の管理会社のスタッフと会うようにしていますし、どの物件でも1ヵ月に数回は電話やメールでのやり取りをしています。

遠方の物件については、直接見に行く機会が減りますので、やはり管理会社にまめに働いてもらう必要があります。管理会社が働きやすいよう、大家として積極的に協力する姿勢を示すことも重要です。

管理会社の仕事ぶりがどうもあやしいとき

以前、「最近、管理会社からの連絡がないなぁ」と思っていたところ、空室も増えてきたことがありました。管理会社に電話しても、「いや、特に問題ないと思いますね」という返答しかなく、むしろ余計に心配になりました。そこで、別の物件で契約している管理会社のスタッフにお願いして、その物件を見に行ってもらい、写真も撮ってもらいました。

すると、物件の共用部分に入居者の持ち物がわんさか置いてあるではないですか。以前の担当者だったときには、そんなことはまったくありませんでした。さすがにこれはまずいと思い、管理会社を別の物件で契約していた会社に変更しました。その後は、特に問題は発生せず、いつも管理状態は良好です。

遠方の物件でのネックは、管理会社そのものの能力が低い場合、それを見抜くことが難しいことです。また、管理会社から見ても、大家が遠くに住んでいる物件については、多少手を抜いてしまうことがあるのかもしれません。

ちょっとヤラシイかもしれませんが、「管理会社がちゃんとやっていないな」と感じたら、**抜き打ちで物件を見に行くか、知人に頼んで見に行ってもらったほうがいい**です。遠方の物件を巡回し撮影してくれるサービスなども場所によっては存在します。

25 入居者増、退去者減の家賃設定の極意

不動産投資については「投資」とは呼ぶものの、本当のところは、不動産賃貸業という「商売」だと、私は考えています。不動産賃貸業とは、住居空間を提供してレンタル料をいただく商売であって、別の言い方をすれば、空間と時間を売っている商売です。

入居希望者にその住居空間を気に入って借りてもらえるように、働きかけなくてはなりません。入居者を募集して確保し、いわゆる「入居付け」「客付け」をしていくわけです。

商売である以上、宣伝しないと売れませんし、その商品が価格とつり合わなければ宣伝しても売れないかもしれません。空間とそこで過ごす時間を売るためには、安くていいものを提供したり、高くても価格につり合ったものを提供したりして、売るための工夫をしないとダメです。ここでは、その工夫の仕方について説明していきましょう。

まずは、入居付けを工夫するための重要な要素を5つ、挙げていきます。

1. 建物外の要素

①場所（例：東京、札幌）

②利便性（例：駅からの距離、駐車場の有無）
③環境（例：閑静な住宅地域、商業地域、工業地域）

2. **建物内の要素**

④広さ、間取り
⑤設備、空間の質（例：バス・トイレ別、室内の壁紙）

3. **関係者の要素**

⑥管理の質
⑦大家の質

4. **価格**

⑧家賃、駐車場料金

5. **マーケティング**

⑨宣伝
⑩口コミ
⑪学生課の利用

収益物件の価値が決まる3つの要素

建物の内と外、関係者、この3要素によって、その収益物件の価値は決まります。建物の外のこと（場所や交通事情など）は大家自身では変えられませんので、収益物件を取得する段階でよく精査して検討する必要があります。

しかし、建物内の要素は、大家自身が変えることができる部分です。④の広さについては、区分所有物件の場合は間取りしか変えられませんが、一棟ものの場合、壁を壊してそれすらも変えられることがあります。同じ広さや間取りの場合、空間としての価値は、設備によってのみ変わると思われそうですが、壁紙の色・品質などによっても変貌します。

また、物件の管理能力は、管理会社や大家といった関係者の働きによって質が変わっていきます。それはなかなか入居率といった数字には表れにくい部分ですが、極端に質が落ちれば、入居付けにも大きく影響していきます。

建物の内と外の魅力、関係者の働きによって物件の価値が決まり、その価値に対してどの程度の対価を要求するかというのが、⑧の家賃です。家賃は、ただ単純に広さや印象で決めるものではなく、すべての要素を勘案したうえで決定していくべきものです。当然、その物件の持つ要素に対して家賃を高くすれば、入居付けは難しくなります。

家賃設定は相場よりも明確に安く！

家賃設定をその物件の持つ価値に対して安くするべきか、相場並みにするか、それとも高くするべきか、という点については議論の余地があると思います。

よくあるのが、募集し始めの頃は少し高めに設定して、徐々に安くしていくという方法です。また、高い家賃でも、127ページで述べるマーケティングのテクニックでカバーする方法もあります。

ずばり、私がお勧めする家賃設定は、**「相場より明確に安い家賃」**です。明確に安い家賃設定であれば、賃貸経営の効率をよくして、「片手間」でも経営できるようになります。

例えば、2DK、50㎡の家賃相場が5万〜5万5000円の地域でしたら、私の物件は4万5000〜4万7000円という設定にしています。ただし、デザインリフォームをして競争力がある部屋ならば、5万円くらい、それでも家賃相場の下限くらいの設定です。

普通の部屋 ⬇ 家賃相場より1割以上安い設定
付加価値の高い部屋 ⬇ 家賃相場の下限程度の設定

みなさん、スーパーマーケットに行くと、500円の商品が498円、1000円の商品が980円で売り出されているのを見かけますよね。これは本来の価格よりも少し値引いて、お得感をアピールし、消費者の購買意欲をかき立てる作戦です。

私の場合も、お得感をアピールするという点では、スーパーの価格設定に似ています。ただし端数ではなく、**相場より1割以上は値引いて**いますので、より強いお得感を印象づけられるわけです。

また、みなさんがデパートに行って、デザインも品質もほとんどまったく同じ商品が2つ並んでいて、片方は5万円、もう一方は4万5000円で売られていたら、普通は後者を選ぶのではないでしょうか（ブランドイメージで売っていて、高いほうが選ばれやすい商品というのも中にはありますが）。

そして家賃というのは、デパートやスーパーの商品よりも価格のバラつきが少ないですから、1割引きというのは相当に安いわけです。また、入居者にとっては毎月かかる固定費でもありますから、とてもインパクトがある数字でしょう。家賃を相場より明確に安く設定することは、入居付けにおいてとても強い効力を発揮します。

もちろん、家賃設定を安くしても利回りが確保できるように、**収益物件自体を安く仕入れる**必要はあります。

■家賃を安くしたときの思いがけない派生効果

家賃相場よりも1割以上安くすると、入居付けが簡単になるだけでなく、実は、ものすごくありがたい効果があります。

それは、**「退去数がかなり減る」効果**です。これについては何万戸といった物件で検討してみないと、統計学的に有意な違いがあるとは言い切れませんが、少なくとも私の経験上では、退去者が減りました。あるとき、「あれ、退去者がかなり減ったぞ」と気づき、最初から意図したことではなかったので、予想外のうれしい効果でした。すでに収益物件をお持ちの人でしたら実感できると思いますが、退去があると本当に気分が落ち込みます。

さらには、退去の頻度が減ることで、退去後のリフォームと新しい入居付けのための広告費が減少したのも、「棚からぼた餅」式の思いがけない余禄です。

家賃設定を「相場より明確に安い家賃」とすることで、簡単に入居付けができ、そのうえ退去が少ない状態となるわけです。これが10戸単位、100戸単位となると、大変大きな影響が出てきます。

「片手間」投資が、大家としての規模が大きくなればなるほど有効なのは、ひとつひとつの手間を確実に減らし、全体の効率化を目指せるからなのです。

26 入居希望者に情報を届ける「マーケティング」

不動産賃貸業というのは、空間とそこで過ごす時間を売るという商売で、商品の価値をどれくらいの対価で売るのかが家賃設定に当たるわけです。

売るときに問題となるのは、どれほど安くていいものでも、その情報を誰も知らなければ売れないということです。これは重大な事実です。商品の価値を消費者に知らしめ、その商品を消費者が手に入れられるようにする、総合的な活動が「マーケティング」です。

それでは、不動産賃貸業におけるマーケティングとは、実際にどのように行うのでしょうか。129ページの図を見てください。

図の①のパターンは、大家が直接入居希望者を探すパターンで、あまり一般的ではありません。この方法は、知人に直接入居してもらうときや、インターネットの物件紹介サイト（大家自身が作ったもの）から入居申し込みがある場合の情報の流れです。

ただし、「片手間」投資では、大家が入居者を見つけるこのパターンは重要視していません。広告費が削減できるというメリットはあるものの、ウェブサイトなどで集客するのは、それなりに手間がかかるというデメリットがあるからです。ネットを通じて申し込んできた入居希望者に対して、自分の契約している管理会社を紹介し、手続きをしてもらうとなると、それなりのパターンを構築しないとなりません。

また、管理会社によっては、大家が直接入居者を探すことを嫌うことがあります。というのも、大家が客付業者の競合相手になっては、管理会社として客付業者に顔向けができないという事情があるわけです。

大家が客付業者をバックアップする簡単な方法

対して、図の②が不動産賃貸業における一般的なパターンです（自主管理の場合、管理会社の部分は省くことになります）。大家が持つ物件情報を管理会社に預け、管理会社が客付業者に情報を伝達し、客付業者が入居希望者に物件を紹介し、入居が確定します。なお、管理会社が客付けをする場合もありますが、それは2つの役割が同じ会社に存在するだけで、手順としては同じです。

②の場合、**管理会社が客付業者に流す情報の質と量を高める**ことで、客付業者から入居希望者への紹介が多くなります。そのためのサポートとして、130ページでも述べるように、入居希望者に紹介しやすい家賃設定にしたり、物件資料を作ったりする必要があります。

入居希望者を見つける2つのパターン

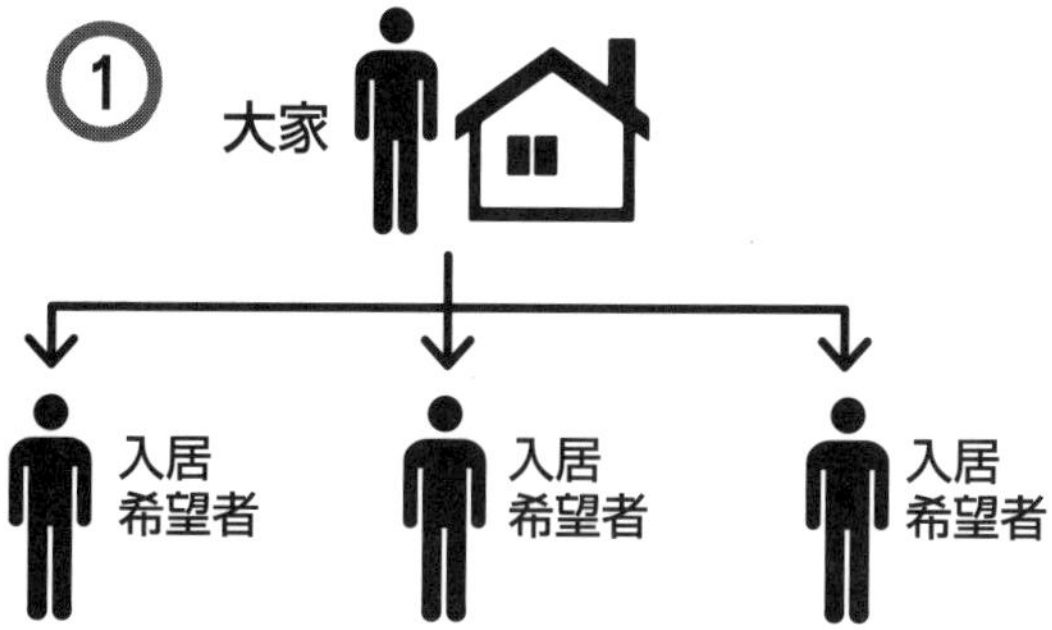

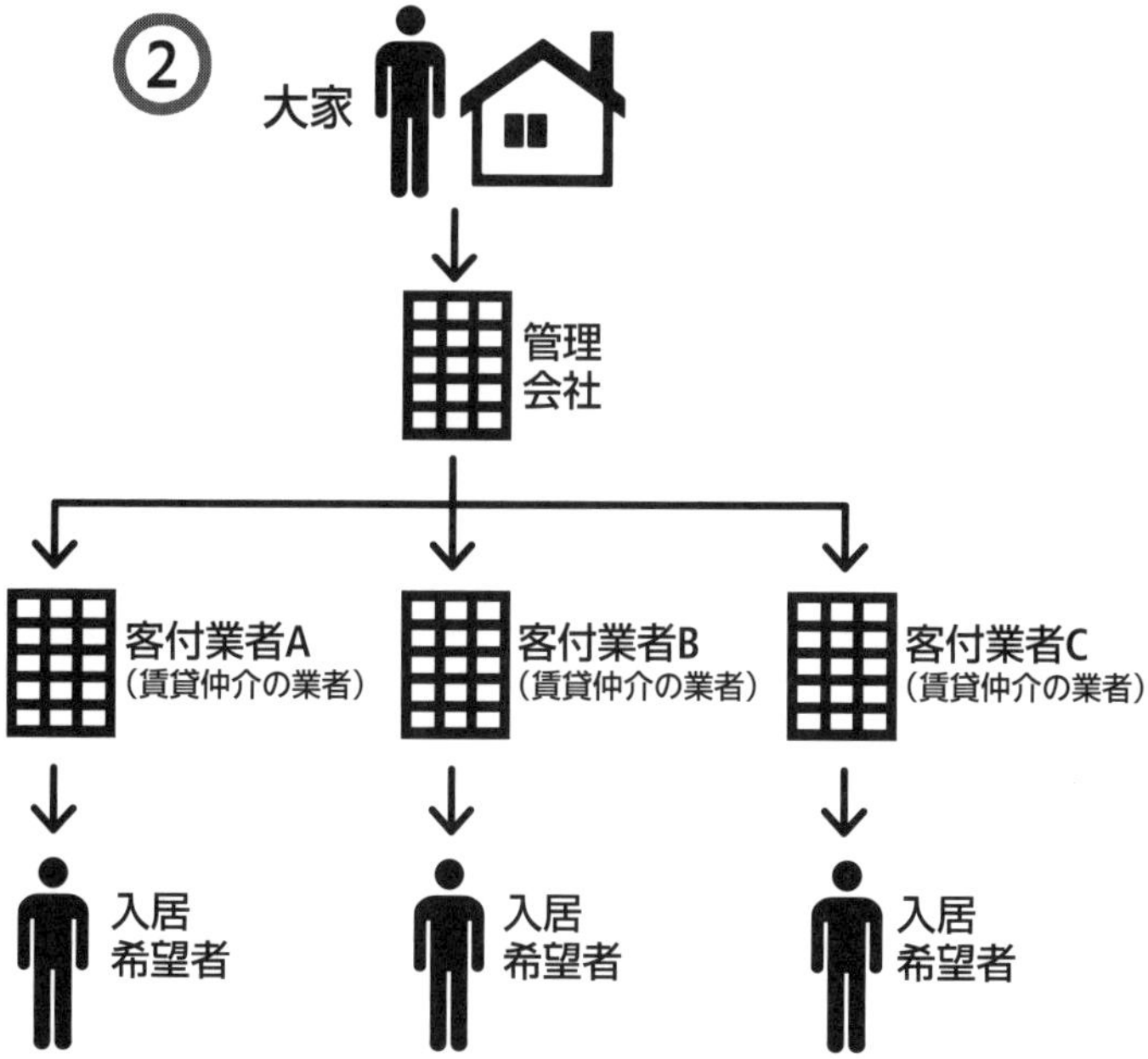

②のパターンで、**大家自身が取り組めるもっとも簡単な方法は、客付業者への広告費を高くして、それを管理会社に伝える**ことです。私は、おおむね家賃2ヵ月分を客付業者にお支払いして、時には客付業者の営業担当者へのバックマージン2万円を追加したりします（ただし、客付業者によっては個人への報酬を認めていない業者もありますので、ケースバイケースだとお考えください）。私の物件ではありませんが、札幌市の1ルーム物件などでは、広告費を3ヵ月分、4ヵ月分と高めにすることすらあるようです。

なぜ、そんなに広告費がかかるのかというと、需要に対して物件の供給が多すぎ、家賃相場も極端に低下しているからです。

みなさんには、**欲しい物件が出てきたら、その地域の広告費の相場も調べてみる**ことをお勧めします。それも合わせて、買うべきかどうかの判断材料にしてみてください。ただし、多少広告費がかかったとしても、物件自体が格安で入手でき、投資としてのうまみがあると判断したら、購入を決めればいいわけです。

客付業者が紹介しやすくするためのサポートを

さて、広告費を高くすることが効果的だからといって、必要以上に高くすることは資金効率的にはよくありません。本当に必要な広告費は、その地域の相場か、相場よりも若干高いくらいで十分です。

また、相場と同じくらいの広告費を提供するとして、ほかの物件と差別化していかないと、その地域の多くの物件情報の中で埋もれてしまいます。

差別化する方法はいくつかありますが、ここでも一番重要なのは、**家賃自体が相場より安くて、客付業者が入居申し込みを取りやすい**ことです。入居申し込みを取りにくい物件をたくさん紹介しても、労多くして功少なしです。

次に重要なことは、**客付業者が入居希望者に紹介しやすい資料を作る**ことです。この資料のことを、業界用語で「マイソク」といいます。マイソクは基本的に管理会社が作りますが、大家自ら作る人もいます。もちろん管理会社か大家が素晴らしいものを作れればそれでいいのですが、**管理会社が作ったマイソクを大家もチェック**するようにしましょう。そうして、変えてほしい部分は変えてほしい、と主張するべきです。

②の場合は、家賃設定が正しくて、入居付けの広告費が十分にあり、まっとうな管理会社がマイソクをきちんと作ったうえで客付業者に対して情報を流すことを繰り返せば、入居付けはうまくいきます。ところが、**3～6ヵ月経っても入居者が決まらず、入居率も80％以下という場合には、大家や管理会社とは違った人の力を借りる**のも一案です。

次に、私が「空室対策コンサルタント」の力を借りたときのエピソードを紹介します。

27 空室対策コンサルタントの凄腕テクニック

私は、4棟目（5件目）に購入した三重県鈴鹿市の一棟マンションで、空室対策コンサルタントの尾嶋健信さんに依頼をしました。この物件は、3DKが30戸というやや大きな物件です。もともと債務整理のために売りに出されていた任意売却物件で、前のオーナーさんはお金に困っていたのか、内部は一部がボロボロでした。まず10戸以上の空室のうち、8戸ではキッチンと洗面台がなくなっていました（理由は今でも不明です）。また、水漏れ、換気扇の故障などさまざまな設備面でも難ありです。

購入した2010年3月時点での入居率は60％程度で、その後さらに退去もあり、空室が14戸という時期もありました。それが取得後9ヵ月を過ぎた時点で空室は4戸程度。尾嶋さんに依頼した2ヵ月の間でなんと10件近くの入居が確定したのです。

私が尾嶋さんに依頼をした経験から、入居付けに必要な家賃設定やマーケティングのノウハウについて、みなさんにお伝えしていきたいと思います。

まず、尾嶋さんは、入居付けのための根本的な問題があれば、それを解決しようとします。ちょっとクイズ形式になりますが、その「根本的な問題」とは何かわかりますか？

その問題とは、**部屋の価値と家賃の関係**です。

結局、**家賃が適正かどうかというのがもっとも重要な問題**であり、例えば、「バストイレ3点ユニット」「駅からの距離が15分くらいでやや遠い」といった弱点があったとしても、その弱点を考慮した安めの家賃であれば、問題はないわけです。

となると、入居付けのための重要点はマーケティングのみとなります。逆に、その地域で同じような条件の部屋が5万円なのに、家賃を7万円に設定したとすれば、たいていは埋まりません。吉野家の牛丼が1000円なら、大して売れないでしょう（買う人もいるでしょうが、少ないはずです）。

空室も売り物なので、適正な価格であることが大前提です。私が尾嶋さんにコンサルティングしていただいた鈴鹿市の物件は、家賃設定が「明らかに相場よりも安い」という設定にしてあります（相場が4万5000円以上するところ、3万9000円といった具合です）。さらに1ヵ月の家賃無料（フリーレント）もサービスしています。

入居希望者が見てわかりやすいマイソク作り

さて、商品と価格のバランスに問題がなければ（バランス的にはかなり安かったとしても）、それを売るためには、マーケティングのみに集中すればよくなります。つまり、よい情報を広めることだけに集中すれば、消費者（入居希望者）は反応するものです。

尾嶋さんは、私と管理会社から情報を聴取し、その物件の特性・特長を見極め、家賃設定も確認して適正かどうかを判断してくれました。その時点で問題点があれば、指摘してもらえますので、家賃に反映する（安くする）などして、バランスを整えます。

それからは、マーケティングに集中するわけです。**マイソクは物件の賃貸用の広告ですから入居希望者が見て特長をつかみやすいように工夫**して作ります。そして、できる限り、その地域の客付業者に配ります。配る方法は、ＦＡＸ、手紙、メールなどです。

私が管理を依頼している会社は小規模のところで、担当者のマンパワーが足りていなかったようです。客付業者に情報を流すというところまでは手が回っていませんでした。その足りない部分を、尾嶋さんに補っていただいたわけです。

少し余談になりますが、今どきの入居希望者は、インターネットで物件を検索してから、不動産業者に訪れることはよくあります。では、インターネットへの情報掲載に対応していない管理会社や客付業者はＮＧかというと、そんなことはありません。

客付業者に情報が広く行き渡れば、来店したお客さんに対して、「こんな物件はどうでしょう?」と提案してくれます。私は**インターネットに対応することよりも、客付業者にきちんと情報を流してくれること、上手に訴えかけてくれること、来店したお客さんに私**

マイソクのアピールポイント

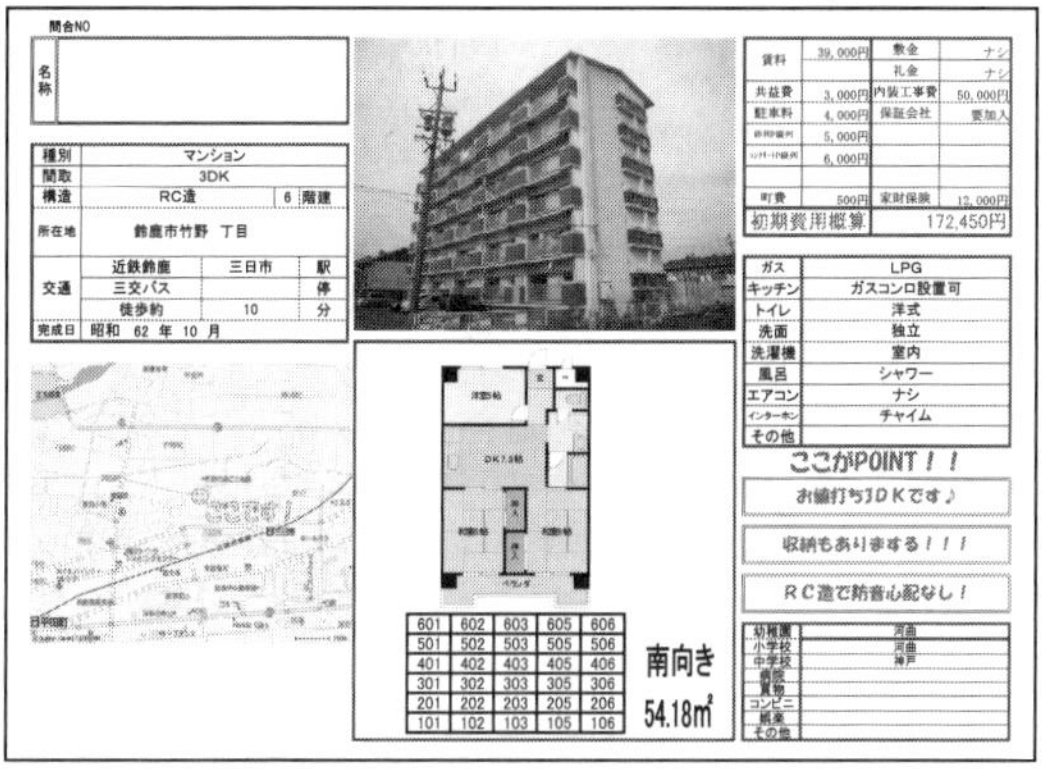

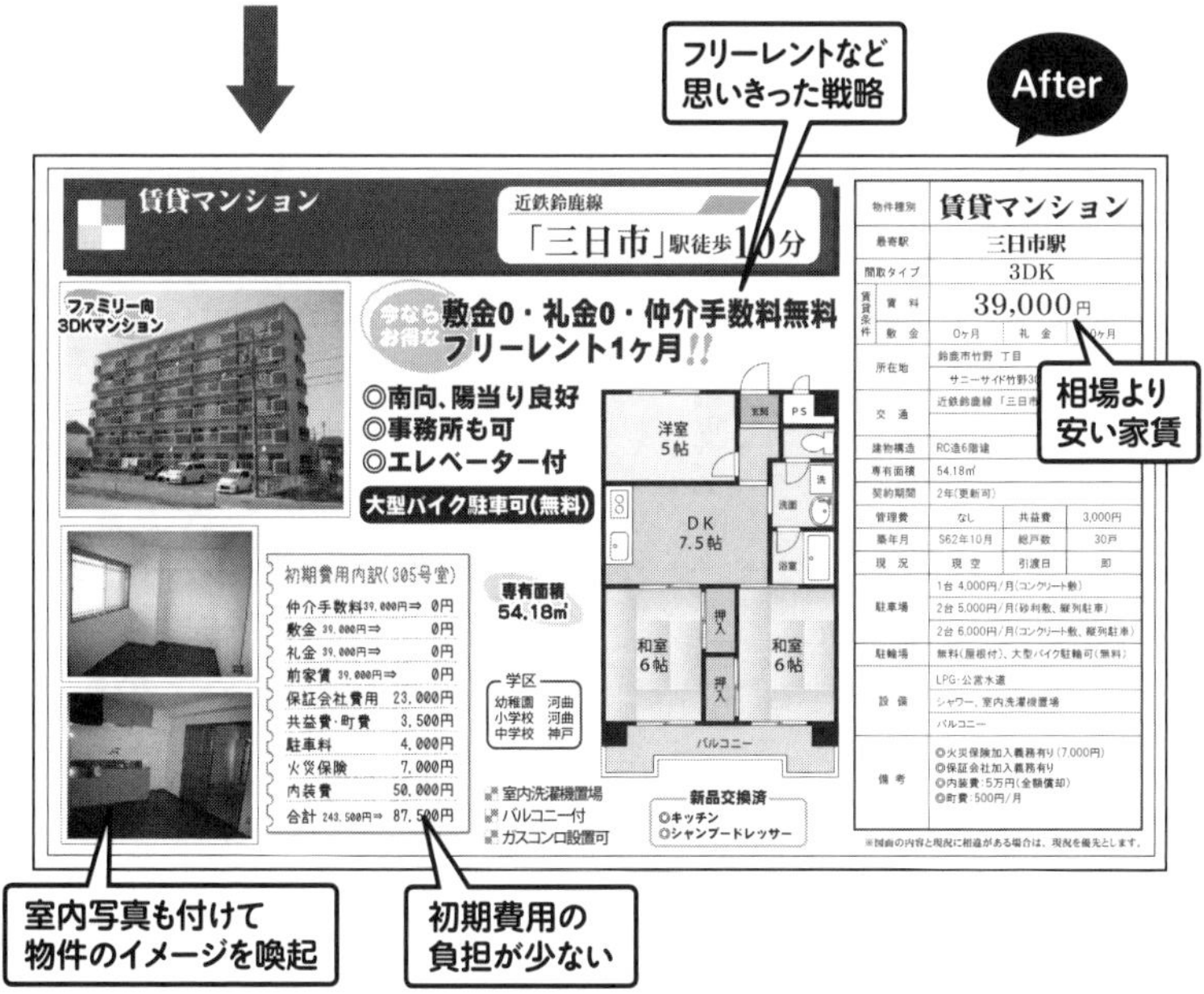

の物件を紹介してくれることのほうが、より大事だと考えています。

さて、ここまでやって1ヵ月ほど様子を見て、消費者からの反応がなければ問題点をチェックします。

私の物件の場合、入居時の初期費用を安くすることで入居促進がかなり進みそうだという判断を、尾嶋さんからいただきました。実際のところ、私もそう感じましたので、入居時の初期費用が10万円を切るように設定しなおしました。

その後は、次々に空室を埋めていく快進撃が続き、2ヵ月で10室ほどが埋まりました。しかも、尾嶋さんは私や管理会社から、電話やメールで情報を聴取するだけで、空室の原因を突き止めて対応策を練ってくれました。尾嶋さんへのコンサルティングの基本料金は、3ヵ月で5万2500円です（ただし、今回は一部で成功報酬型のコンサルティングをお願いし、それには別途料金がかかっています）。

物件の主な入居者は、日系の外国人でしたが、それがプラスに働きました。外国人は、住みやすい物件であれば、友人知人を連れてきてくれることが多いからです。

ただし、あまりに外国人が多くなり、同じ企業の社員ばかりが集まると、その分、企業の景気が悪くなったときの退去リスクが高まったり、あるいはパーティーが行われたり、ゴミの不始末が増えたりすることもありますが、今のところは問題なく経過しています。

28 募集する入居者の層を想定しておく

入居者というのは大家や管理会社から見ればまったくの他人ですから、さまざまな個人情報を事前に得たとしても、その人が入居者として望ましいかどうか本当のところはわかりづらいものです。例えば、大手企業で働いていて収入が多い男性とその家族が入居したら、大げんかの繰り返しで近所迷惑だったり、父親が大手企業の取締役で個人属性がいいので、息子を入居させたら毎日友達を呼んで大騒ぎしていたりとか、常識外の行動も時には見られるわけです。

困った入居者の例として、私の物件にもさまざまな人がいました。例えば、家賃を払わない人、家具を窓から外に投げ捨てたりする人、居室の中で大量に植物を育てる人（湿気が多くカビが生えやすくなる）、外国人で調理時にスパイスのにおいを近隣に広めてしまう人など……。

需要のない勘違い物件を作り上げないように

入居者の属性でふるいにかける際、どの程度なら入居を断るべきかなど、ある程度の枠組みは作る必要があります。私の場合は、家賃保証会社のほうでの審査が通った人なら、基本的にすべて入居を許可しています。

ただし、今のところペット可の物件はひとつも作っていません。

また、私の**賃貸経営のコンセプトとして、「広くて、家賃が安い」**ということを提案している物件が多いので、どちらかというとやや低所得者層のご家族、生活保護世帯、外国人の世帯に入居していただいています。

唯一、札幌市の1棟のみ、**「ややハイグレードな内装で、家賃はやや安い」というコンセプト**のため、内装には少しお金をかけており、入居者の層も学生や若い社会人が多い感じです。

こんなふうに入居者の層を賃貸経営の戦略としてしっかりと想定しておくことは大切です。そうでないと、かなり地方の田舎なのにハイグレードで家賃の高い物件を作ってしまったり、落ち着いた住宅街で駅が遠いのに駐車場のない単身者向け物件を購入してしまったり、入居者を募集するうえで難しい物件を提供してしまうおそれがあります。

管理会社によっては、工事をすることでその中間マージンを取っている場合もありますので、賃貸経営の正しい戦略を無視して、よりグレードの高い工事を勧めてくることさえあります。

募集したい入居者の層に合わせて戦略を立てる

生活保護世帯や外国人（中国系、ブラジル系、またはそれらの日系人）世帯などに入居してもらいたい場合には、リフォームにお金をかける必要はありません。

最初から安い家賃設定にして、外国人の多い地域で「外国人可」と掲げて募集すれば、自然と入居者は集まりますし、家賃を安く設定すると、彼らは友人を誘って入居の申し込み者を連れてきてくれることもあります。

また、「生活保護世帯可」を掲げて、管理会社から役所の福祉課などにも声をかけてもらうと、生活保護世帯の入居者も結構増えてきます。

逆に、もしもハイグレードな収益物件として入居者を募集する場合には、もともとその物件がある場所が高級住宅街や都市の一等地でないと難しいことが多いですし、設備やリフォームの部材にも、高級感のあるものを導入しないといけません。さらに、マイソク（賃貸物件の情報を載せた資料）にも、そういったハイグレードな物件であることを示す必要があります。

募集したい入居者の層に合わせて、立地の選定やリフォーム、マイソクの作りこみなど、正しい戦略を進める必要があります。

耳寄りコラム2 物件情報は元付業者に当たるべし

物件売買を仲介している不動産業者のうち、**売主が依頼している業者を元付業者、買主が依頼している業者を客付業者**といいます。売主が物件を売却したい意思を、ある不動産業者（元付業者）に伝えると、元付業者は「レインズ」という業者間のネットワークに、物件情報を登録する義務があります。

通常は、不動産の売買が成立すると、元付業者が売主から約3%の仲介手数料を取り、客付業者が買主から約3%の仲介手数料を取ります。元付業者が売主側と買主側の仲介のすべてを行うと、「3%＋3%＝6%」の仲介手数料が入りますので、元付業者はできる限り自らで買主を探そうとします。売主と買主の両方（両手）から仲介手数料が入ることを「両手取り」「両手取引」と呼びます。

私たち投資家から見ると、**元付業者のほうが物件や売主の情報を知っていることが多く、価格などの交渉もやりやすい**ので、できるだけ元付業者にたずねていくほうがベターです。

実際のところ、**元付業者からの情報を得るためには、元付業者が配信しているメール情報などを手に入れるのが簡単**です。そのためには、「健美家」「不動産投資連合隊」「楽待」などのサイトから、物件の問い合わせをまめに行っていきましょう。

なお、賃貸仲介の不動産業者でも同様に、元付、客付という概念が存在します。この場合、元付業者は収益物件の管理会社であるケースが多いです。また、客付業者となるのは、駅前などによくあるタイプの、アパート・マンションの仲介を専門にしている業者です。

step 5

上手に節税！
不動産投資は税金との戦い

29 払い過ぎた税金を取り戻すために

不動産投資は、税金との戦いと言っても過言ではありません。これは、不動産賃貸業を開始して拡大路線へと進む段階で、誰もが感じることでしょう。

私自身、平成23年分として、登録免許税、不動産取得税、固定資産税、個人所得税と住民税、法人税と法人住民税、消費税などで、1000万円以上の税金が発生しました。税金対策は、不動産賃貸業をするうえで、決して無視するわけにはいきません。

ただし、「片手間」投資では、あなた自身が会計処理を行って確定申告することはお勧めしません。勉強のために自分で申告するのはいいことですし、また、区分所有や戸建が2、3戸あるだけのうちは自分で申告してもいいかもしれませんが、**できれば税理士に依頼する**ほうがベターです。

最近では、個人の場合は年間10万円くらいの金額で、毎月の帳簿付けも含めてすべてやってくれる税理士も多いです。私の場合も、私個人の分と私が代表を務める法人の分で、それぞれ年間10万円で依頼しています。

インターネットで検索すれば、顧問料が安い税理士事務所や会計事務所もたくさん見つかりますので、**年間10万円程度を目安に依頼**してみましょう。

この章では、確定申告のやり方、帳簿の付け方などの細かいことはお伝えしません。会計処理については、基本的に税理士と顧問契約を結ぶことを前提にしていますので、帳簿を自分で付けたい人やすべて自分で確定申告までしたい人は、専門の本で勉強してみてください。この章では不動産賃貸業の節税ポイントについてお伝えしていきます。

個人事業主として確定申告にチャレンジ

確定申告は、日本に住んで不動産賃貸業を営む以上、切っても切れないものですね。

サラリーマンのみやっている場合には、源泉徴収という形で会社が所得税と住民税を国や自治体に納めてくれます。諸外国では、サラリーマンでも確定申告をすることが普通だと聞きますが、日本では会社が税金徴収を代行しているおかげでサラリーマンから税金を取りやすいシステムになっています。

高い所得税に目を向けさせないための上手な方法だと思います。私もサラリーマンをやっているだけに、正直、給与明細を見ると「税金ってこんなに払っているんだ、本当に？」と、なんだか釈然としないことがあります。

この本をお読みのみなさんは、収益物件を手に入れる日が近い（あるいは、すでに手に入れた）と思いますので、確定申告をやらなければいけない立場になりますが、それが国民の当然の義務ですので、あまり難しく考えず取り組んでいただきたいと思います。個人の確定申告の場合は、12月31日が締め日でそれを2月から3月に申告します。

法人の場合は決算月を法人が決められますので、どの月にすることも可能ですが、大手の企業などは慣例で3月末が締め日のことが多いようです。

青色申告と損益通算を使って節税対策

個人での確定申告でも、青色申告（２０６ページ）をする場合には複式簿記による帳簿付けが必要となります。複式簿記については２０７ページの図で詳述します。これはすべての取り引きを貸借という２つの勘定に仕分けして記録するもので、慣れていないと難しく感じるかもしれません。ただし、税理士や会計事務所に依頼する場合、普通は複式簿記で帳簿を付けてくれます。

個人事業主の確定申告には、青色と白色というものがありますが、原則として**青色申告にしておいたほうがいい**です。青色申告ですと、専従者として働ける家族に対しては給与が多く支払えますし、不動産所得が黒字の場合には青色申告特別控除65万円が利用できますので、節税の基本として非常に有効です。

不動産賃貸業の場合、ほかの事業に比べて減価償却費、ローンの利子、租税公課（すべて経費になります）の金額が大きく、これらの組み合わせだけでもかなりの節税効果が期待できます。

それで黒字になる場合でも、青色事業専従者（青色申告者と生計をともにする配偶者、そのほか15歳以上の親族で、申告者の事業に従事する）の給与と青色申告特別控除の組み合わせでさらに節税ができますから、不動産賃貸業というものは上手に節税しやすい事業だといえます。

私の場合もそうですが、個人の不動産所得については、帳簿上は赤字になることがあります。帳簿上は赤字であっても、収支はプラスです。帳簿上は赤字となる場合のメリットは、不動産所得の**「損益通算」**が使えることです。これは事業所得が赤字の場合、ほかに所得があるとそこから赤字分を差し引きできるというものです。

不動産所得が赤字になると、給与所得などのほかの所得と損益通算して総合課税されますので、給与所得に合わせて源泉徴収されている所得税が還付されて戻ってきます。

私の場合、還付される金額が数十万～１００万円以上となることも多いです。これは、もともとの給与所得が多い人ほど税率が高く、その分の所得税が還付されます。サラリーマン大家の特権ですね。

30 三大経費のひとつ「減価償却費」を知っておく

不動産投資での大きな経費は、前述の通り、減価償却費、ローンの利子、租税公課の3つです。私はこの3つを「不動産賃貸業における三大経費」と呼んでいます。上手に経費処理をすることで大きな節税効果がありますので、これら三大経費についてよく理解したうえで不動産賃貸業を営んでいきましょう。

実際にはお金が出ていかない経費「減価償却費」

減価償却とは、建物や設備について徐々に経費化していく計算方法です。減価償却費は基本的には、大きくそして早く経費化できたほうがいいと思います。

経費が大きくなれば帳簿上の所得が減りますので、それだけ所得税を減らす効果があります。しかも、減価償却費は「経費」といっても実際には現金が出ていくわけではないので、**減価償却費が増えればキャッシュフロー（現金収支）がよく**なります。

一般的には、建物は毎年定額で償却し、設備は定額か定率かで選択することができます。中古で取得する収益物件については、建物と設備の価格を案分することが難しいのですが、税理士によっては（適当に）建物価格の20％程度を設備に案分してもらえる可能性もあるようです。

私自身は建物と設備の案分はしておらず、すべてを建物として減価償却しています。土地と建物の案分については、理論的に問題のないようにしつつ、できるだけ建物の価格が大きくなるように案分しています。それは、減価償却できる建物の価格を大きく設定したほうが所得税の節税に有利だからです。

私が所有している物件は地方都市にあるものが多く、土地の価格が安い傾向にあるので、自動的に土地のほうが安く割り振られています。さらに、もともと建物の固定資産税評価や積算評価が高い物件を中心に取得していますので、建物の比率がかなり高い状態となっています。

実際のところ、建物と土地の価格の案分については、その物件を購入するときにすでに分けられている場合もあります。

これは、**土地自体の売買には消費税がかからない**という決まりがあるため、収益物件を購入した際には、建物だけに消費税がかかり、契約書に案分された数字が最初から明記されているからです。この比率を物件取得後に変更するのは困難な場合がありますので、物件を購入する際には、よく気をつけてください。時には、購入前に売主と協議しないといけない場合もあります。

土地と建物をより有利な条件で案分する計算法

もしも、売主が個人だった場合や、そのほかなんらかの理由で、建物の価格と土地の価格に案分されていない場合、その物件を購入した買主のほうで決められます。このほうが減価償却費をより多く取れるように調整できるので、買主には有利だと思います。

建物と土地の案分の方法として、一般的には固定資産税評価の割合でそのまま分けられたりします。これは、数字自体が公的なものなので、案分する理由に足ると思われているのでしょう。しかし、より有利な条件で案分しようと思うと、ほかの方法がベターなこともあります。

すべての物件に当てはまるわけではありませんが、税務署からも文句をつけられなさそうな範囲でお勧めの方法は、**積算評価を基本**にする方法です。

建物の積算評価額は、構造と平米単価と築年数で決まります。

●RC造で延床面積700㎡

●築20年

●新築時の平米単価が19万円

という物件があったとします。RC造の法定耐用年数47年のうち20年が経過しているので、積算評価額は次のようになります。

19万円×700㎡×（47－20）年÷47年＝7640万円

つまり、現在の建物の積算評価額は7640万円です。**建物の積算評価額は、一般的に固定資産税評価額よりも高く**なりますから、案分のためには有利な数字となります。

土地の積算評価額を出す場合は、一般的には相続税路線価を使用します。相続税路線価は公示価格の80％が目安で、固定資産税評価額は公示価格の70％が目安なので、強いていえばどちらを使っても大差ないと思います（固定資産税評価額のほうが少し安いので、それを採用したほうがベターかもしれません）。

この場合、土地の相続税路線価が2000万円だったとします。

建物：土地＝7640万円：2000万円

こんなふうに素直に案分してもいいと思いますし、建物と土地を実際に購入したときの価格が、この比率で利用した数字の合計9640万円（＝7640万円＋2000万円）よりも小さい場合（例えば9000万円など）は、建物の価格は7640万円をそのまま採用し、残りの1360万円（＝9000万円－7640万円）を土地の価格としても、一応筋が通っています。

つまり、**減価償却できる建物のほうの割合を増やす**のです。

ただし、あまり極端な案分のやり方は税務署の反感を買いますので、適度な数字で案分するようにしてください。

このように、建物と土地の案分についてはいくつかの方法があり、極端な数字にならなければどれを使うべきかは厳密には決まっていないようです。

ただし、できれば顧問の税理士などに相談して決めるようにしてください。そのときに、顧問の税理士と意見が合わないこともあるかもしれませんが、その場合には、いろいろな可能性を含めて検討してもらうようにしましょう。

31 銀行に支払う利子と実質上の利子が違うわけ

不動産賃貸業にはローンが付きものです。もちろん、すべて現金でのみ投資している人の場合、ローンも利子もありませんので経費になりません。

おそらくローンを利用されている人が多数派だと思いますし、不動産賃貸業を拡大していくにはローンは欠かせないものです。そのほとんどすべてが経費になることは、とても重要なことです（「ほとんどすべて」というのは、不動産所得が赤字の場合、土地の部分の借入金利子は経費にならないことがあるからです）。

そして、**建物に関する借入金利子は、すべて経費**にすることができます。これは、土地が安い地方のほうが、経費面では若干有利な部分ですね。

利子を経費化する際の注意点

たいていのローンについては元利均等返済（毎月、利子と元本の支払いを一定にする返済方式）になっていることが多いと思いますが、この場合、当初支払う利子が多くなり、返済が進むほど利子は少なくなります。ということは、経費となる金額が徐々に減っていくということですね。この点に注意しないと、知らないうちに経費が減って、会計上の利益が増えていきますのでご注意ください。

ローンの利子が不動産賃貸業における三大経費のひとつである理由は、その金額の大きさからです。私は現在3・5％程度で借りているローンが、2億4000万円くらいあります。あくまで単純計算ですが、年間に800万円以上の利子が発生していることになります。

また、不動産投資の初期で利用価値があるスルガ銀行のアパートローンの場合、現状では4・5％ですから、同じ2億4000万円を4・5％の利子で借りるとすれば、利子は年間1000万円以上になります。この金額がほとんどすべて経費になるわけですから、その意義は大きいです。

課税所得が高い人ほど実質的な利子は低くなる

ここで、逆の発想をしてみましょう。これだけ大きな金額が利子として存在することは、出費の面からは当然マイナスです。でも、確定申告の段階で利子を経費化することでプラスの面があることも考えると、事業性のローンについては利子が高いことを容認できる理由になります。

利子がある場合とない場合の所得税の比較

利子4.5%の場合（借入金1億5000万円）

課税所得	900万円
不動産収入	2400万円
経費（利子以外）	1600万円
利子	675万円
不動産所得	125万円
不動産による所得税	54万円

不動産所得の43%

290万円少ない

利子がない場合

課税所得	900万円
不動産収入	2400万円
経費（利子以外）	1600万円
利子	0円
不動産所得	800万円
不動産による所得税	344万円

不動産所得の43%

所得税の減額分
344万－54万
=290万円

$$\frac{\text{所得税の減額分 290万円}}{\text{借入金 1億5000万円}} \times 100 \fallingdotseq 1.9\%$$

借入金の1.9%が減額分

$$4.5\% - 1.9\% = 2.6\%$$

本来の利子　　実質的な利子

つまり、もともとの給与所得が高く、例えば課税所得が900万円ある人であれば、その人の税率は43%程度になるので（196ページの「課税所得別の税率早見表」を参照）、4・5%の利子のうち、2%分近くが戻ってくる場合があります。

ちょっと計算してみましょう。

借入金1億5000万円の4・5%の利子は675万円に相当し、不動産所得による所得税は54万円。一方、利子がない場合は、不動産所得による所得税は344万円です。

その所得税の差額は290万円。1億5000万円の約1・9%が税金の差額によって戻ってきていることになります。結果として、4・5%の利子から1・9%を差し引き、実質レベル2・6%の利子といえます。

「利子が高いから、○○銀行のローンは利用したくない」というような考えが頭をよぎることもありますが、**実質的な利子を計算すると、ほかの銀行の低めの利子と大して差がない**ということがいえます。

もちろん利子のほうは、一度は銀行に払いますので現金の支払いが生じますが、その年の確定申告で、支払った利子の何割かは戻ってきます。つまり、実質的な利子は、銀行で取り決めた利子よりも低い数字なのです。このことを念頭に置いて、銀行のローンを利用してみてください。

32 経費化できる税金「租税公課」を知っておく

不動産に関連した租税公課（税金）としては、登録免許税、不動産取得税、固定資産税、都市計画税の4つが経費化できます。

登録免許税は国税で、不動産を購入して登記するときにかかるものです。不動産取得税は都道府県税で、不動産を取得してから数ヵ月後にかかります。固定資産税は市町村税で、毎年かかります。都市計画税も不動産取得税と同様に市町村税ですが、かかる物件とかからない物件があります。

それぞれ、どの程度の金額になるのか、概算の数字を示しましょう。

例えば、土地の固定資産税評価額3000万円、建物の固定資産税評価額9000万円の物件について、固定資産税、都市計画税の200㎡までの特例は当てはめないとすると、それぞれの税金は157ページのようになります。

細かな軽減措置などは無視していますので、これは概算の数字だと思ってください。

ただし、実際の税金とはそれほど違わないでしょう。この収益物件を購入するときには登録免許税の219万円と不動産取得税の315万円を支払い、さらに固定資産税と都市計画税の合計173万円を毎年払う計算となりますね。これらはすべてその年の経費にできますが、もともとの金額が大きいので現金を失うという意味では厳しい面があります。

こういった経費になる租税公課については、節税のために工夫するということはほとんどできませんが、ポイントとして覚えておくべきことを挙げます。

①**収益物件を取得した年は、租税公課が大きくなり不動産所得は赤字**になりやすい。

②登録免許税は登記の際に必ず払うことになるが、**不動産取得税は分割**などの相談に乗ってくれることが多い。ただし、延滞金はかかる。

③建物にかかる税金が高いのに比べ、**土地にかかる税金は安い。**

①について、私は平成21年から毎年物件を取得しているため、帳簿上の不動産所得は毎年赤字です。

②の不動産取得税について、私は今まで取得した物件のうち3棟では分割で、または遅れて納付しました。支払いが難しければ、分割や延滞ということも可能なことがあります。

③土地にかかる税金は安いので、建物の固定資産税評価額が安く土地の評価額が高い物件を狙う戦略が取れます。

そのほか税金の知識は、税理士に聞く、本を読むなどして自分でも蓄えていきましょう。

経費化できる4つの税

土地の固定資産税評価額3000万円、建物の固定資産税評価額9000万円の物件について、それぞれの税金は次のようになります（固定資産税、都市計画税の200㎡までの特例は当てはめない）。

登録免許税

固定資産税評価額（≒課税標準額）の2%
土地の特例税率は1.3%（平成24年3月31日まで）
土地の特例税率は1.5%（平成25年3月31日まで）

（3000万円 × 1.3%）＋（9000万円 × 2%）
＝39万円 ＋ 180万円 ＝ 219万円

不動産取得税

固定資産税評価額の3%（平成24年3月31日まで）
土地の評価は1/2とするため、実質1.5%

（3000万円 × 1/2 × 3%）＋（9000万円 × 3%）
＝45万円 ＋ 270万円 ＝ 315万円

固定資産税

固定資産税評価額から求めた課税標準額の1.4%
土地の課税標準額：固定資産税評価額
200㎡まで1/6、超えると1/3
建物の課税標準額：固定資産税評価額

（3000万円 × 1/3 × 1.4%）＋（9000万円 × 1.4%）
＝14万円 ＋ 126万円 ＝ 140万円

都市計画税

固定資産税評価額から求めた
課税標準額の0.3%（もっと低い地域もあり）
土地の課税標準額：固定資産税評価額
200㎡まで1/3、超えると2/3
建物の課税標準額：固定資産税評価額のまま

（3000万円 × 2/3×0.3%）＋（9000万円 × 0.3%）
＝6万円 ＋ 27万円 ＝ 33万円

耳寄りコラム3 細かな節税は税理士にお任せを

自分である程度の会計知識がある場合でも、私は税理士などの専門家の力を借りたほうがいいと思っています。法人での不動産賃貸業も見すえた場合、また、今後、相続税が高くなっていく流れからすると、専門家の助言は欠かせないでしょう。

もちろん、大まかな税務の知識は必要ですが（例えば、前述の三大経費の知識などですね）、すべてを計算する時間を作るなら、もともとのみなさんの本業を充実させていったほうがいいくらいです。**みなさんにとっては、投資家としての戦略を学んだり、方針を考えたりする時間のほうが大事**なのです。

法人を利用した節税策については、２棟以上の収益物件を取得してから考えれば十分だと思います。家賃収入が１０００万円を超えないうちから法人を利用しても、法人を維持するためにかかる経費のほうが大きくて効率はよくありません。

どの程度の家賃収入で、いつから法人化していくかという点についても、税理士などの専門家の助言を得たほうがいいでしょう。法人設立後は、さらに顧問税理士が必要です（法人化やそれによる節税については、Step７に譲ります）。

でも、「どんな人や事務所に依頼していいのかわからない」という人のために、いい税理士、会計事務所の条件を挙げましょう。それは**顧問料が安くて、不動産や不動産賃貸業の税金に詳しくて、節税にも積極的に取り組んでくれる**ところです。

では、「そんな税理士はどうやって探せばいいの？」という人には、Step ４のよい管理会社の探し方でも紹介したように、**大家仲間にたずねてみる**ことをお勧めします。

step
6

不動産投資を長く楽しく!
「知っ得」応用編

33 戸建や区分所有への投資を組み合わせる

ここまで、不動産投資を拡大していくには、必ずプロパーローンの利用が必要になることと。さらに、ある程度、投資の規模が大きくなってからは、リスクがやや大きい物件も取得していくことで投資効率もよくなることを述べました。

このStep 6では、さらに不動産投資を効率化して、拡大していくための方法を応用編として解説します。ここまで本書を読み進めたみなさんでしたら、この章で述べる方法論も理解できると思います。ただし、一部特殊な内容も含みますので、すべてを実践していく必要はありません。どうぞ本章で紹介するノウハウの中から、取捨選択をして活用していってください。

初期とプロ期で、戸建や区分所有を取得する意味

Step 1では、「給与年収が600万円以上」「給与年収が600万円未満、または個人事業主の場合」という2つの状況に分けて、不動産投資の導入方法を解説しました。

前者の場合、アパートローンを利用しやすいのでそれで収益物件を取得し、実績を作っ

たあとでプロパーローンを利用する方法です。

後者の場合、アパートローンを利用できないことが多いので、現金をできるだけ貯めつつ、最初に戸建や区分所有2～3戸を現金で取得するか、初心者でも比較的利用しやすい日本政策金融公庫の融資で物件を取得し、その実績をもとにプロパーローンへと展開していく方法です。**現金で戸建や区分所有を取得して不動産投資を開始する方法は、不動産投資の初期段階では「拡大」というよりも「実績作り」**を目指したもので、その後のプロパーローンの利用を目指すという意味合いがあります。

だいたい**3棟以上の収益物件を取得する頃には、やり方さえ間違えなければ、多くの人がプロパーローンを利用できる**ようになっているはずで、「不動産賃貸業のプロ化」は達成されています。そうなると、キャッシュの増え方が早くなり、1年間に500万円を貯めたり、1000万円を貯めたりということを普通にできるようになっていきます。

そういう局面になると手持ち資金が増えているはずなので、ローンを引かずに現金で物件を購入する投資もできるようになっています。

163ページの図をご覧ください。本書で紹介している収益物件を増やしていくモデル例を図解化したものです。

1棟目から3棟目まではレバリッジを利かせる（少ない自己資金で大きな投資をする）

ために、できるだけローンを利用して収益物件を購入しています。その後は、現金の増加スピードが早くなりますので、ローンを引かずとも現金で、戸建や区分所有などの物件を購入しやすくなります。つまり、現金での戸建や区分所有の取得と、ローンを利用しての大型物件の取得を、組み合わせて実行していくわけです。

ローンを受けられない場合には、「実績作り」のために投資の初期で、戸建や区分所有物件を現金で取得することになりますが、できれば**現金による物件購入は、不動産投資の初期ではなく、拡大路線に乗ってから行うのがベター**です。なぜなら、そのほうが手持ち資金に余裕があるため、資金が減少するダメージが初期の頃よりも少なくて済むからです。

現金で戸建や区分所有を買うメリット

なお、現金による戸建や区分所有の取得には大きなメリットがあります。それは、インカムゲイン（運用益）だけでなく**キャピタルゲイン（売却益）をも手に入れる**ことができる点です。

中古の戸建や区分所有については、現金化することは比較的、簡単で、どうしても現金化したいときには、売却価格にもよりますが、買主が見つかりやすいでしょう。しかし、1億円もする物件を売却して現金化することは、なかなか簡単にはいきません。

収益物件を増やしていくモデル例

1棟目（あるいは戸建や区分所有）を取得
アパートローンを利用（ローンが難しい場合は現金）

→ 現金増加

2棟目を取得
アパートローンかプロパーローンを利用（ローンが難しい場合は現金）

→ 現金増加×2倍

3棟目を取得
プロパーローンを利用

→ 現金増加×3倍

戸建や区分所有を取得
現金で購入

→ 現金増加×3倍＋α

4棟目を取得

ここで注意したいのは、区分所有物件とはいっても、できるだけファミリー向け物件を狙うことです。ワンルームなどの単身者向け物件は、売却するときに欲しい層が限られ、主に投資家が買いますから、高値で売ることが難しくなります。

さらに覚えておいてほしいのは、**投資向け物件と実需向け物件には、相場価格の差**があるという点です。「実需」とは、住宅用語では、賃貸用ではなく所有者自身が住む場合に使います。また、相場の差を特に意識しなくても、実需向けに売却する場合は、自然と高値でも売れるものです。

しかし、高値で売れるということは、あなたが購入するときにも、高値で買う必要があるように思えますよね。ですが、実際には安く手に入れる方法がいくつかあります。

戸建や区分所有をもっとも安く手に入れる方法は、裁判所などが行っている**競売を利用**することです。また、通常の不動産市場でも、**賃貸中の戸建や区分所有のファミリー物件は、実需の相場ほどには高値になりにくく、安く買える**ことが多いでしょう。

なお、安く買えて高く売れるからといって、同じ年の間に同じ物件の購入と売却を行わないように、気をつけてください。転売による収益が1年間に何件も発生すると、「無免許で宅建業を営んでいる」と警察に判断されることがあります。この場合の「宅建業」とは、宅地建物取引主任者、いわゆる「宅建」の資格とは違います。宅建の資格を持っているからといって、不動産の転売が可能になるわけではないのです。

そして、売却益を得る場合でも、あくまで**「賃貸用に持っている物件を、資産整理のために売却したら利益が出た」**という形式にしないといけません。不動産を転売するとして、お勧めしたいのは、個人における不動産の譲渡益への課税が39％から20％へと低下する5年の経過をめどに行うことです。

■一棟ものと合わせて、戸建や区分所有の管理も依頼

競売で不動産を取得する場合には、当然リスクが伴います。しかし、すでに一棟ものの収益物件をいくつか取得しているとしたら、そのリスクはある程度は許容できる可能性がありります。また、あなたはすでに不動産賃貸業のプロフェッショナルであり、物件を見る目も養われているはずです。

つまり、競売に参加するための条件が揃っているのです。競売を否定的にとらえずに、投資の一部として検討していきましょう。

また、**戸建や区分所有物件の管理については、一棟ものの物件を管理してもらっている管理会社に**ぜひお願いしたいところです。

管理会社によっては、戸建や区分所有の管理を原則としてやっていないところもありま

すが、そのような会社であっても、先に一棟ものの管理を任せているという実績があれば、戸建や区分所有の管理も、案外やってくれたりするものです。

戸建や区分所有を取得する場合、すでに一棟ものの物件を持っている地域の中から見繕うことができれば、戸建や区分所有であっても管理に悩む必要はなくなりそうです。

現金取得の物件があることで融資を受けやすく

ある程度不動産投資の規模が大きくなり、現金の増えるスピードが早くなると、戸建や区分所有を現金で決済できるようになります。そうなると、**「共同担保」として利用できる**というメリットもあります。共同担保とは、金融機関から融資を受ける場合、土地や建物など複数の物件を共同で担保にすることを指します。

抵当権の付いていない物件を共同担保にすることも可能ですし、そこまでやらなくても、現金を持っていることと同じ評価が得られ、より多く融資を引きやすくなります。**抵当権の付いていない物件をいくつか所有しているということは、個人の財務体質が強い**ことを意味するわけです。

つまり、現金で取得した物件を持っていることで、より融資を受けやすくなるというメリットがあるのです。

34 配偶者に知られずに不動産投資を行う

不動産投資を実践するにあたり、とても力になってくれるのが配偶者だと思います。逆に、不動産投資をするうえでもっとも大きな壁になるのも配偶者ではないでしょうか。巷の不動産投資に関する本では、「配偶者を説得し、一緒に協力して不動産投資をしていきましょう」なんていうくだりが見られますが、それって、意外に難しいことだと思います。

ちなみに私の妻は、私が戸建を賃貸に出していることは知っていますが、そのほかの100戸以上の物件についてはまったく知りません。

というのも、投資や事業にまったく興味のない人に対し、億単位の借金を背負っていくことを納得させ、協力してもらうというのは、至難の業だと思っているからです。私が、「これから不動産投資を始めるぞ！」と宣言しても、「そんな危険なこと、やめなさいよ！」と反対されるのは目に見えています。だから、あえて知らせてはいないわけです（どのタイミングで打ち明けるべきか、内心ドキドキしています……）。

しかし、幸運にも配偶者に協力してもらえる場合には、次のようなメリットがあります。

①融資を受ける際に、配偶者が連帯保証人にならないと受けられないことが多い
②配偶者が青色事業専従者になる、つまり、家族に仕事を手伝ってもらうことで、給与を払って節税効果を高められる
③配偶者名義の物件も購入できる可能性がある

最善の策は、夫婦で協力して不動産投資にチャレンジすることでしょう。でも、それがかなわないのだとしたら、次善の策として、**まずはあなたひとりで不動産投資を始める**しかありません。配偶者にまったく知られずに不動産賃貸業を実践できるかどうかは、個々の家庭でも違ってきますが、いろいろと工夫をすれば、たいていの場合は可能です。

配偶者には、働いてもらうほうがいい

とってもシンプルなことですが、配偶者には仕事をしてもらうのがベストです。今の世の中、子どもがいても共働きをすることは普通です。

「家事も手伝うから、パートの仕事をしてみたら？」と言って、悪く感じる奥様（あるいは主夫をしているだんな様）はあまりいないと思います。

相手に働いてもらうときに、注意するポイントがあります。配偶者の収入は、すべて配

偶者自身で持ってもらうか、家族のお金として配偶者に貯めてもらってください。これは、今まで働くことから遠ざかっていた相手に「自分でお金を稼いで、自分で貯める喜び」を知ってもらうためです。

もう一点、家事はできるだけ半分程度に分けて実行してください（この点については、「片手間」ではなくなってしまいますが……）。

私の家庭では夫婦ともフルタイムで働いていますので、炊事、洗濯、掃除など、特に取り決めはありませんが、だいたい半分ずつの家事を分担してやっています。

さて、共働きをするメリットは、いろいろあります。

①配偶者がお金を持つことで、経済的・精神的なゆとりができ、あなたに細かなことを言ってこなくなる可能性が高い。また、細かなことが気にならなくなる
②世帯収入が増える
③自宅にいない時間が長くなり、重要な郵便物などが見つかりにくくなる（配偶者に不動産投資をしていることを知られたくない場合）

あなた自身が自由に使えるお金を持つということ

結局のところ、配偶者に知られずに不動産投資を実践するには、配偶者が知らないお金

か、知られていたとしてもあなたが自由に使えるお金がないと、難しいわけです。

最終的には、夫婦のお互いの収入から、適当な金額をそれぞれ生活費として捻出するようにしましょう。そうして、残った部分をあなたのへそくりにして、自由に使えるようにしましょう。

わが家の場合、生活費は私が出していますが、足りなくなれば口座から出して妻に渡しています。また「毎月○万円」と、一定額を生活費として配偶者に渡す方法もありだと思います。

もしもあなたが独身で、あと数年以内には結婚しそうな状況であれば、**秘密の貯金を用意しておく**ことを、強くお勧めします！

また、給与以外の収入源を作ることができたなら、その部分を未来の配偶者に秘密にしておくのもいいと思います。ただし今の時点で、独身で結婚しそうな恋人がまったくいない場合は、不動産投資を実践しつつ、将来の奥様、だんな様に不動産投資のことを話すかどうかは、相手を見てから検討すればいいでしょう。

一番重要なのは、あなた自身が自由に使える資金をしっかりと持っていることです。すでに結婚している人だとなかなか難しい面もあります。まずは、どこの銀行でもいいので配偶者の知らない口座を作り、そこにへそくりを貯めることから始めましょう。

35 不動産投資の仲間を増やしていこう

「片手間」投資では、管理会社や客付業者の力をフルに利用したり、リフォームについても業者の力を借りたりするなど、できるだけプロに外注することをお勧めしています。

ただし、単にビジネスライクな関係を築くだけではおもしろくありませんし、不動産投資をより高いレベルに事業として高めていこうとすると、投資や事業のための仲間作りは欠かせません。

私自身、管理会社や不動産業者の方々とは、お互いに気持ちよく仕事ができるように気を使っていますし、投資家仲間とは、いい情報については秘密にせずに共有したりして、お互いのレベルを高めるように努めています。

投資家の仲間を作ることは、あなた自身が不動産投資・賃貸業を進めていくうえで、もっとも励みになることだと思います。不動産賃貸業では、管理会社のスタッフをはじめとしていろいろな業者さんとの接点がありますが、実は投資家同士のつながりは、自ら求めないと築けないものです。

では、そうまでして投資家の仲間を作るべきなのか？　とお思いになるかもしれませんが、やはり、同じ志を持った仲間というのは尊いものです。

不動産投資に関する悩みを打ち明けても、投資をしたことのない人には理解されにくいものですが、同じ投資家同士ならば、話が弾みます。

例えば、友人にこんな話をしたとします。

「私ね、最近1億円の借金をして、マンションを一棟買ったんだよね！」

そういった話をしたときの周りの人の反応は、時にとても不思議なものです。怪訝な顔で「そんな借金をして大丈夫なの？」と心配そうに聞かれたり、「それはうらやましいな……。だけど、自分には無理だよ」とあまり興味を持ってもらえなかったり……。

さらに悲しいのは、なぜか同じ世界の人間ではないかのように、距離を置かれたり、「借金が多いから」と危険人物のような言われ方をされたりすることです。

結局のところ、普通にサラリーマンをしている人や投資や事業のことをまったく知らないし興味もない人にとって、何千万円あるいは何億円と借金をして突然、事業を開始する人のことなど、異次元の世界の人間に見えてしまっても無理はないのです。

しかも、「不動産」というもの自体が、世間ではかなり「うさんくさいもの」なんですね。不動産に興味がない人にとっては、「不動産で1億円の借金を作った」などという人種は、近くにいるだけで、うす気味悪い存在なのかもしれませんね。

実際に投資家仲間と会うことがよい刺激に

不動産投資や賃貸業、ローンなどに関して、普通に会話をすること自体が、なかなか難しいわけです。でも、不動産投資を実践している投資家同士であれば、会話はとても楽しいものになります。

私の周りでは、仲のいい投資家仲間が5人くらい集まり、メールや勉強会をして楽しんでいます。私が精神科医ということもあり、偶然にも精神科医の投資家仲間も数人できましたし、ほかに製薬会社の人なども一緒に集まったりします。

それぞれの物件の情報を持ち寄ったりして「Real Estate Conference」という名称の勉強会をするのですが、数ヵ月に1回集まると誰かが新しい物件を取得していたりして、毎回話題に事欠きません。それぞれが自分に得意な方法で不動産投資を実践していますので、自分との方向性の違いなどを認識して、とてもよい刺激になります。

こういった投資家同士のコミュニティーは、やはりメールだけではなくて、**実際に会って話をするからこそ楽しくよい刺激に**なるのだと思います。

周りに仲間になるような投資家がいないという人は、**「賃貸住宅フェア」やセミナーに参加して、そこで行われる懇親会に参加する**ことをお勧めします。懇親会では、本を出版しているような著名な不動産投資家にもお会いできますし、割と近所に住む投資家さんにも出会えたりして、勉強になったり、いい経験ができたりするでしょう。

不動産投資のブログやメルマガを始めよう

ほかにお勧めしたいのは、ブログやメールマガジンによる情報発信です。不動産賃貸業に慣れてきたら、忙しい人は気の向くままの頻度でいいので、ぜひやってみてください。なぜかというと、**不動産賃貸業というのは、ある意味、とても孤独な事業**だからです。

それがブログやメルマガを始めることで、遠方に住んでいる投資家からもコメントやメールをもらえるようになり、仲間を作るきっかけになります。私自身、インターネットで知り合った投資家の仲間とは、実際にお会いすることもあり、楽しく情報交換をしています。

私の場合は、不動産投資に関するメルマガを、平日は毎日配信しています。この本を執筆している現在、配信数は1万6000部くらいです。メルマガを通じて広告収入が得られることもありますし、有益な情報が得られることもたびたびあります。

私自身はブログはやっていませんが、気軽に始めるという意味では、ブログかメルマガのどちらかを配信するのがいいかと思います。やってみると簡単ですし、それこそ「片手間」でできますよ。

36 関係業者との結びつきを強めていこう

売買の仲介業者、売主として売却した業者、管理会社、リフォーム業者、客付業者……どの業者さんもとても重要な存在ですから、お互いにＷＩＮ‐ＷＩＮの関係（関係する両者ともにメリットのある関係）が築けるように、あなた自身も気を使う必要はあります。

特に、「片手間」投資では、これらの業者には外注先として仕事をお願いすることが多々ありますので、礼儀やマナーを忘れてはいけません。

たくさんの業者さんの中でも、**収益物件を購入した際に、仲介業者や売主となった不動産業者は、重要な存在**です。これらの不動産業者は、その物件が売れたことで利益を得ていますし、あなたは一度不動産を購入したという実績を作ったことから、その後も得意先として、優良な物件情報を流してもらいやすくなります。

なぜなら、一度収益物件を買った投資家というのは、再び購入する可能性が高く、しかもお互いに取り引きをした関係なので、２回目の取り引きがスムーズに進むことが多いからです。それに、一度融資を利用できた投資家は２回目の融資を利用できる可能性も高いので、不動産業者は、お得意様として重要視する傾向があります。

実際のところ、私も、初期に購入した札幌の2棟はひとつの不動産業者から、直近の2棟もまた、一社を通して購入しています。私自身が不動産業者にとって、リピーターとなっているわけです。

その後も優良な物件情報を流してもらえるチャンスはあり、もう少し現金を持っていれば、さらに2棟程度、買っていたかもしれません。今でも、仲介業者や売主となった不動産業者さんとは、とても親しくさせてもらっています。

ところで、物件売買の不動産業者や管理会社に比べると、つき合いが希薄になりがちなのが、リフォーム業者や客付業者です。というのも、管理会社が仲介をしてくれることで、特に問題なく「片手間」投資を進めることができるからです。

そうはいっても、リフォーム業者や客付業者とお近づきになることも、時にメリットがあります。例えば、リフォーム業者と親しくさせてもらうと、工事の詳細や費用対効果の高いリフォームについてレクチャーしてもらえたりしますし、客付業者と親しくなることで、入居希望者の動向やどんな物件が人気なのかといった情報も得られたりします。

あなたが、これらの業者さんたちとの関係を一歩詰めることで、より有益な情報がもたらされるかもしれません。常に、**業者さんから勉強させてもらう姿勢**を持っていましょう。

step 7

法人化して、さらなる拡大路線を目指せ！

37 どんな法人を設立すればいいのか？

ここまでは、主に個人での不動産投資・賃貸業について述べてきましたが、法人を利用した不動産賃貸業という形式もとても重要です。

なぜなら、法人を利用することで、個人だけでは難しかった節税や収益物件取得の拡大などが可能となるからです。ただし、法人化については多少難しい面もありますので、ここではできるだけ丁寧に説明していこうと思います。

法人というものは、「法律によって人格を与えられた団体」つまり、「法律に基づいた人」だと定義されています。極端にいえば、あなたが法人をひとつ設立するごとに、法律上の名義がもうひとつ増やせるわけです。

法人の便利な点としては、「株式会社」といった企業のように、経済活動の母体にもできますし、「社団法人」のように多くの人が集まって行動する器としての役割も果たせることです。

さて、不動産投資・賃貸業では、どのような法人を作ればいいのでしょうか？

お勧めする法人の形式としては、**「合同会社」と「株式会社」**が挙げられます。

ひとつ目の合同会社というのは、会社の出資者と経営者が同一であることを原則としている法人で、家族経営に近い形です。資本参加と経営参加、そして利益配分についてフレキシブルに設定できます（ただし、大きな会社でも合同会社とすることは可能です）。

一方、株式会社というのは出資者と経営者が同一でないことが原則で、所有権については株式を所有する数で設定されています。経営者については株主と同一であることも可能ですし、株主でない（株式をまったく持たない）人が経営者となることも可能です。出資者と経営者がまったく別に設定できることから、所有権の譲渡や経営者の変更が簡単にでき、より大きな企業で利用しやすい法人の形態です。

合同会社を設立するメリット

合同会社の大きなメリットのひとつは、設立費用が安いということです。

私は合同会社を自分で登記しましたが、そこに至るまでに必要なお金は、**印鑑作成などを合わせても10万円程度**でした。定款《ていかん》（法人の目的、活動などを記したもの）を作成後の公証人による認証が不要（株式会社は必要）であるため、自分で設立することも案外簡単です。

例えば、「会社設立ひとりでできるもん」（http://www.hitodeki.com）といったサイトを利用すれば、すべて自分でできてしまいます。

また、合同会社の社員（これは株式会社での役員または出資者のことで、いわゆる「従業員」ではありません）の印鑑証明も必要ないので、そういった面でも気軽に設立できます。

それでいて合同会社は、株式会社と同様にさまざまな契約もこなせますし、機能面でも株式会社と比べて遜色がありません。不動産投資・賃貸業に必要な法人は、物件の所有や管理ができて、社員（株式会社でいう役員や出資者）への利益分配をフレキシブルにできる合同会社で、十分に条件を満たします。

それに、会社組織が大きくなって、どうしても対外的に知名度の高い株式会社という形態にこだわるようになったら、その時点で**株式会社へと変更することも可能**です。

しかし、それでも株式会社にこだわりたい場合は、設立に最低20万円程度かかりますが、株式会社でもいいと思います。合同会社のように「それって何？」と思われることは少なく、その点では世間への箔付けにはなるかもしれません。

ただし不動産賃貸業では、お客様（入居者）というのは大家の会社名などあまり気にしないでしょうから、実質的なメリットは少ないのかなと思います。

38 費用や依頼の仕方は？ 設立までの手順

会社設立時には、登録免許税が合同会社で6万円、株式会社で15万円、それに定款に貼る収入印紙代が4万円（電子定款にした場合、印紙代は0円）、株式会社に限っては定款認証手数料5万円などの実費がかかります。

ではそれ以外に、司法書士事務所に会社の登記を依頼した場合、いくらかかるかというと、最近では安く請け負ってくれるところが増え、5万円程度で足りることが多いです。

つまり、**株式会社であれば、会社設立時にかかる最低費用**は、**実費の20万円程度と代行費用（例えば5万円）を合計した金額が、会社設立時にかかる最低費用**となります。

インターネットで「会社 設立」などで検索してみてください。いろいろなサイトが出てきますが、たいていは設立のための代行費用は、5万円程度で十分に探せます。

また、行政書士事務所に定款書類の作成だけを依頼することもできます。この場合、登記は自分でやらなくてはいけません（行政書士に、法務局に出向いて登記をしてもらうことは認められていません）。行政書士に書類の作成だけを依頼する場合は、1万〜2万円程度で探せます。

■司法書士事務所、行政書士事務所の探し方

「片手間」投資では、会社設立についても手間をかけない方法を提案します。次の3つの手順で、探してください。

①インターネットで、会社設立に関して記載のあるサイトに当たる（「会社　設立」などで検索）
②自宅から近い司法書士事務所、行政書士事務所に当たる（さらに、地名を含めて検索）
③代行費用をチェックする

司法書士にすべての代行を依頼する場合と、行政書士に定款書類の作成だけを依頼する方法がありますが、登記する手続きはあなた自身がやっても簡単ですので、どちらでも構わないと思います。

それよりも注意すべきなのは、**会社設立時の代行費用の価格設定は安いのに、設立後の税務の依頼も含めるような契約になっていないか**です。それは、いわゆるバックエンド商品と呼ばれるもので、フロントエンド商品としての会社設立費用は安いのに、その後、継続して費用がかかる仕組みになっているわけです。

税務を任せること自体は必要なことですが、もしも会社設立と同時に、同じ事務所に税務を依頼する場合でも、その顧問料についてはよく検討してください。Ｓｔｅｐ６の税金の章でも解説したように、１年間で10万円程度の金額で、帳簿付けから決算まですべてやってくれる税理士、会計事務所は結構あります。

自分でやるか専門家に頼むか

合同会社の場合は、書類の作成や登記を自分でやっても簡単なので、書類作成が半自動的にできるサイトを利用して設立するのもいいでしょう（例えば、前述の「会社設立ひとりでできるもん」など）。

もしも、定款作成などの細かな点で専門家に相談したいのであれば、やはり行政書士事務所や司法書士事務所に相談して依頼するほうがベターでしょう。

登記するための住所については、自宅（賃貸も可）にすることも可能ですが、自宅以外の自己所有の不動産に登記することも可能ですし、**法人登記に使えるレンタル住所**などもあります（これもインターネットで「法人登記　住所」などで検索してみてください）。

ただし、レンタル住所では、会社を休眠させた場合でも、住所のレンタル費用が毎月継続してかかりますので、その点はご注意ください。

39 資産管理法人を設立する際の注意点

レンタル住所では、仮に会社を休眠させた場合、レンタル費用は発生してしまいます。では、自己所有の不動産であれば、とりたてて問題がないかといえば、ひとつ注意すべきことがあります。それは、登録した住所に会社としての実態が存在するかどうかです。

なぜなら、**日本政策金融公庫などの場合、会社の実態状況をきっちり調査したうえで、融資を決定**するからです。ですので、会社の住所があるべき場所に何も存在しないのでは、融資の対象として見てもらえない場合があります。

もしも、会社の実態が存在しない場所で会社の登記をした場合には、「第一営業所」などといった名称で、会社の実態のある場所を指定しておけば、融資担当者が訪問しても大丈夫だと思われます。

最初は自宅の住所で法人の登記をすることも多いかと思います。

しかし、法人をあなた個人とできるだけ分けたい場合、例えば、サラリーマンとして働いている会社に秘密にしたい場合や配偶者に内緒にしておきたい場合などは、法人を登記する住所は自宅以外とし、代表者も家族の誰かに設定しておく方法もあります。

出資割合は75%以上、出資金は100万～500万円

出資者については、あなたひとりでも可能ですし、配偶者などにも出資してもらうことも可能です。ただし、この出資割合というのは、あくまで誰の口座からいくらの出資金が振り込まれているか、ということです。

つまり、あなたと配偶者が100万円ずつ出資する場合でも、出資金の振り込みをする際に、200万円をあなたの口座に集めてそこから200万円を同時に振り込んでしまえば、出資者はあなただけという扱いになります。

出資割合をどのように設定すべきかは、**会社を完全にあなただけで自由にやっていきたい場合は75%以上**としてください。株式会社の場合、出資した割合がそのまま株式の持ち分の割合となります。私の場合は、出資割合は私だけで100%にしています。

もしも、あなたが公務員などをしていて副業規定が厳しく、法人の代表や役員になるとどうしても問題がある場合は、出資割合はあなただけでほぼ100%となるように（つまり、株式の100%をあなたが保有）するといいでしょう。そうして、代表や役員にはならずに「会社を所有する」という形で、実質的にコントロールすることもできます。

株式会社を設立して、**株式をすべて保有するという形であれば、副業規定にはまったく**

引っかからず、しかも実質的な会社の経営者となれます。

出資する金額は、1000万円を超えると法人税率が上がってしまいますので、**100万～500万円程度**にしておけばいいと思います。それが資本金となります。

資本金の金額は、それ自体が会社の信用度を上げる要素はありますが、現実的に1万円だろうと900万円だろうと、あまり変わりありません。

ただし、100万円未満だと少し見栄えが悪く感じたので、私の場合、100万円は現金で、150万円は自動車で現物出資して、資本金を250万円としました。

このように、現金でなくとも、個人の自動車なども現物出資用に利用することはできます。このあたりの細かい方法については、法人を設立する際に行政書士や司法書士にたずねてみるとわかりやすいかと思います。出資した現金については、特に問題なくその会社のために利用できますし、自由に動かせます。

資産管理法人の定款のポイント

不動産投資・賃貸業を行ううえでの法人とは、いわゆる**「資産管理法人」**の一種です。

資産管理法人は、次の3つのタイプに分かれます。

①完全に個人と同一視される資産管理法人
②個人と同一視されない資産管理法人（不動産のほか、有価証券なども所有）
③資産管理はするが、ほかの事業も行う法人

③については、厳密には資産管理法人ではありませんが、ほかの事業を行うケースも考えられますので、合わせて解説していきましょう。

①完全に個人と同一視される資産管理法人

このような法人は、概念的には少しややこしいです。どういうことかというと、税法などの法律上は、個人と法人はまったく別のものであるにもかかわらず、収益物件の融資の際には個人と法人が同一視されるタイプの法人だからです。この場合は、

不動産の登記 ⬇ 法人
融資の債務者 ⬇ 法人
連帯保証人 ⬇ 個人（代表者）と、その配偶者や家族
必要な属性 ⬇ 個人

といった設定で、個人の属性、信用度に対して融資を受けることが可能なことがあります。完全に個人の属性を評価しての融資ですから、それさえよければ、新設法人でもローンを利用できます。

また、個人への融資と同様、配偶者や家族の連帯保証人も必要になることが多いです。ただし、すべての銀行で可能なわけではなく、一部の銀行でのみ行われています。以前はメガバンクでの融資実績もあったのですが、現在では地方銀行などに限られているようです。

この法人タイプにして、融資を申し込みたいというときには、「新設法人で、個人と法人を同一視して融資を受けるというのは、無理でしょうか？」とたずねてみてください。

②個人と同一視されない資産管理法人

一般的な資産管理法人というのは、このタイプです。法人が不動産のほか、株式や債券などの有価証券を所有している場合もあります。

また、株式を中心に所有し、いくつかの会社企業をコントロールするために作られた法人については、特に持株会社と言います（○○ホールディングスなどと呼ばれたりします）。

一般的にこのような法人でも、融資を受けることは可能です。ただし、個人と完全に同一視して融資を受けるようなことはできず、法人としての決算内容や、持っている資産に応じて（またはそれを担保に）融資を受けることになります。

このような資産管理会社は、大金持ちが法人名義で資産を維持管理するために設立したり、大企業がグループ企業をまとめて持株会社としたりする場合にも使われます。

③資産管理はするが、ほかの事業も行う法人

不動産の所有や資産管理もするが、ほかの事業も行っているというケースです。不動産の所有や管理は、いくつかの事業のうちの一部という扱いになるわけです。

ですので、当然のごとくローンを利用する際には、法人そのものの属性（決算内容や事業内容、所有資産）が重要となります。

また、②や③の場合で、不動産を購入するときのローンでは、代表者である個人と法人はまったく別のものとして扱われるのが建前ですが、中小企業では、代表者個人の属性も重要です。つまり、次のような形式が一般的です。

不動産の登記 ⬇ 法人
融資の債務者 ⬇ 法人
連帯保証人 ⬇ 個人（代表者）
必要な属性 ⬇ 主に法人、個人も必要

法人の属性が重要であるということは、決算が最低限1期分、可能であれば2期分を銀行から要求されます。ローンのタイプとしては、アパートローンではなく、事業の一部として不動産賃貸業を行うのですから、プロパーローンとなります。

資産管理法人を設立するには、定款が重要

いずれにせよ、こういった資産管理法人を設立するには、法人の目的、活動などを記した「定款」作りに注意が必要です。

そして、定款の内容は、①②③のどのタイプの法人にしたいかによって違ってきます。この内容を間違えると、資産管理会社として融資を受けようとしても難しいことがあります。ですから、最初の定款作成が重要なのです。

①完全に個人と同一視される資産管理法人
⬇個人の属性で融資⬇新設法人も可。定款は限定される。金融機関は限られる。
②個人と同一視されない資産管理法人
③資産管理はするが、ほかの事業も行う法人
⬇法人の属性で融資⬇新設法人は不可。定款は限定されない。金融機関は広範囲。

つまり、①の場合は法人としては特殊なので、定款内容を正しく設定しないとダメです。どういった内容にするかといえば、不動産賃貸業に特化した目的とします。次に、例を挙げます。

（目的）
第○○条　当会社は、次の事業を営むことを目的とする。
1．不動産の所有、管理及び賃貸
2．前各号に付帯または関連する一切の事業及び業務

また、②③タイプの法人の場合でも、定款に「1．不動産の所有、管理及び賃貸」を含

めるべきです。それがあれば、ほかの目的が加わっても特に問題はありません。必要な目的を入れましょう。

ちなみに、私が不動産賃貸業のために設立した法人には、合同会社と株式会社がありますが、現在は合同会社のほうは休業しています。休業しますと、自治体によっては法人住民税の均等割を払わなくてもよくなります。

株式会社のほうは、不動産の所有、管理および賃貸などを行っていますが、ほかにも広告代理店やホームページの作成・管理、人材派遣業なども定款に入れてあり、いろいろな事業に対応できるように作りました。資産管理だけでなくほかの事業も行っているので、③のタイプの法人となります。

なお、新設法人で不動産投資をして、しかも融資を受ける場合には、不動産賃貸業に限定した定款にしたほうが無難です。

40 法人化して不動産賃貸業を行う意味

　ここでいう法人設立の理由・目的とは、合同会社や株式会社を設立するときに決める「定款」のことを指しているわけではありません。

　定款の中にある「目的」は、その会社が利益を生むための事業・業務の内容を記載するものですが、ここで話題にするのは、法人を設立して、私達の不動産賃貸業にどのように役立たせたいのかということです。

　本音としては、仮に不動産賃貸業における節税を目的として法人を設立したとしても、法人の定款は、「節税のため」とは記載できません。あくまで「利益を生む」などといった定款上の事業の目的があって、結果として節税になっていればいいわけです。

　一般的に、不動産賃貸業をするうえで、法人を設立する理由・目的には、

- **節税（所得税、相続税）のため**
- **事業の拡大のため**
- **事業の社会的信用を高めるため**
- **配偶者や知人、職場などに知られずに不動産賃貸業を行うため**

……といったことが考えられます。この中で、特に重要視したいものがあれば、不動産投資を法人で行う意味があるわけです。

節税のために法人を利用する

実際のところ、不動産賃貸業のために法人化する目的として、もっとも重要視されるのが、節税という側面だと思います。

それでは、実際のところどれくらいの節税になるのでしょうか？　次のような例を挙げて解説します。

給与の課税所得が年間５００万円
①不動産所得が１００万円の黒字
②不動産所得が１００万円の赤字

給与の課税所得が年間２０００万円
①不動産所得が１００万円の黒字
②不動産所得が１００万円の赤字

給与の課税所得（収入から経費を差し引いて、所得税がかかる金額）が年間500万円という人と、年間2000万円という人のケースです。この2つのケースでそれぞれ、不

不動産所得と所得税の相関関係

課税所得が年間500万円

①不動産所得 が100万円の黒字
100万円 × 税率30% ＝ 30万円
（所得税は30万円が増加）

②不動産所得が100万円の赤字
−100万円 × 税率30% ＝ −30万円
（所得税は30万円が減少）

課税所得が年間2000万円

①不動産所得 が100万円の黒字
100万円 × 税率50% ＝ 50万円
（所得税は50万円が増加）

②不動産所得が100万円の赤字
−100万円 × 税率50% ＝ −50万円
（所得税は50万円が減少）

**より所得の高い人のほうが、
赤字のときの節税効果は高い**

動産所得が100万円の黒字である場合と100万円の赤字であるパターンを考えてみましょう。

例えば、以下の早見表のように、課税所得が年間500万円の場合、その所得税率は20％で、住民税と合わせると税率は30％です（実際には42万7500円の控除がありますが、計算を簡略化するために、ここではあえて控除額は含めていません）。

また、課税所得が年間2000万円の場合、1800万円を超えた分の税率は50％です。

この場合は、50％の税率がかかる部分が不動産所得によって上下しますので、195ページの計算式で、その部分に注目してください。

年間の課税所得が2000万円の人の場合、不動産所得の黒字に対して50％の所得税がかかり、赤字なら赤字分の50％の所得税が減ります。同様に、赤字、黒字が100万円なら、所得税は50万円のプラス、またはマイ

課税所得別の税率早見表

課税所得金額	税率（所得税＋住民税）	控除額
195万円以下	15％（所得税5％＋住民税10％）	0円
195万〜330万円以下	20％（所得税10％＋住民税10％）	9万7500円
330万〜695万円以下	30％（所得税20％＋住民税10％）	42万7500円
695万〜900万円以下	33％（所得税23％＋住民税10％）	63万6000円
900万〜1800万円以下	43％（所得税33％＋住民税10％）	153万6000円
1800万円超	50％（所得税40％＋住民税10％）	279万6000円

ナスです。

これらの計算例からいえることは、給与所得と不動産所得は合算しますので、帳簿上の不動産所得が低くなれば、また赤字になればなるほど、所得税は減少します。つまり**節税の恩恵にあずかれるのは、より給与所得が多い人、より税率が高い人**となります。

ここでいう帳簿上の不動産所得とは、家賃収入から経費や減価償却分などを差し引いたものです。もしも同じ家賃収入なら、不動産所得が低いほうが所得税は下がり、収益はよくなります。

個人の不動産所得が１００万円ある場合でも、法人を設立することでいろいろと経費がかかり、結果、２００万円の必要経費があれば、個人の不動産所得は１００万円の赤字（＝１００万－２００万）となります。そうなると、１９５ページの例のように、節税効果が期待できるわけです。

一般的には、給与所得や不動産所得などを合わせた課税所得が１０００万円くらいになると、法人設立のメリットが大きくなるといわれます。

その理由は、個人での所得税が１９６ページの表のように、累進課税となっているからです。給与所得も不動産所得も小さい人の場合、法人を設立してまで節税するメリットはないでしょう。節税のための具体的な方法については、あとで詳しく述べます。

41 事業拡大や社会的信用のために法人化する

不動産投資・賃貸業という事業を個人で実践していると、徐々に所有する収益物件の数が増えてきます。1棟、2棟くらいを取得して、それ以上は収益物件を購入するつもりがなければ、節税の観点でも、特に法人を設立する必要はありません。

ところが、3棟、4棟と徐々に投資を拡大していくと、節税以外の理由からも法人を設立する必要性が出てきます。

その理由とは何かというと、法人を利用したほうが事業としての自由度が増し、**節税を含めた利益コントロールがとても容易になる**からです。損益の処理や経費の処理も自由度が高くなりますし、事業の拡大が簡単にしやすくなります。

投資の初期には個人のほうがスタートしやすい面もありますが、拡大戦略を取れば取るほど、個人と法人の組み合わせや法人での事業拡大が重要となっていきます。

また、法人を設立して不動産賃貸業を営んだほうが、社会的信用を得られやすいというのもメリットのひとつです。一般的には、個人事業よりも法人の事業のほうが、社会的信用は高く、融資でも便宜を図ってもらいやすい面があります。

なお、不動産賃貸業をやっていることを対外的に秘密にしたい場合は、法人の代表者はあなた自身にしてはいけません。基本的には、代表者はあなたの配偶者か、または親きょうだいになってもらうのがいいでしょう。

あなた自身は役員として名前を残す手もありますし、株式会社であれば役員にもならず出資のみして株式を保有するだけ、という手もあります。

あなたが公務員などの場合、収益物件を所有すること自体はまったく問題ありませんし、個人事業として不動産賃貸業をやっていても問題にはならないはずです。ただし、法人を設立して、その代表になるくらいまで事業が進むと副業規定に引っかかってくると思います。

また、公務員でなくても、副業規定に触れるというのが問題であれば、**不動産賃貸業を大きくする際、法人を設立し、さらに配偶者に代表者になってもらう**などすれば、問題はないはずです。

特に差しさわりがなければ、**最初から法人で開始していくのが拡大への早道だ**と思います。個人では収益物件を所有せずに、最初から法人で所有していく作戦です。

私の場合は最初に、個人属性が重視されるアパートローンで融資を受けました。でも、節税や拡大路線の点からいえば、できるかどうかはさておき、最初から法人でチャレンジしておいてもよかったかもと、ちょっと後悔しています。

42 法人はどのように融資を受けるのか？

法人が物件を取得するには、現金で購入してしまうのが、現実的には一番簡単です。それは個人で持っている現金でも構いませんし、法人の利益として内部留保している現金を使うのでもいいでしょう。

法人で持っているお金や物を個人の所有にしたり個人に貸したりする場合は、税務署は指摘が厳しいのですが、一般的に、個人で余裕資金として持っているお金を法人に貸し付けることについては、税務署はあまりとやかく言いません。

法人という社会的に公的なもの（株式会社のように私的に所有している法人でも、世間では公的なものとして扱われます）から、個人に対して資金や資産を移すことについてはハードルが高いのですが、逆に、個人から法人への資金や資産の移動については、社会通念上、あまり問題ないとされています。

これは、例えば「法人→個人」の無条件でのお金の移動については、横領や背任として扱われることが多いのに対して、「個人→法人」への資金や資産の移動については、資本増強や寄付などとして扱われることが多いことによっても理解できるでしょう。

1期または2期分の決算書を用意する

法人で融資を受ける方法については、190ページの定款の解説でも述べたように、個人の信用・属性をもとに融資を受ける方法と、法人自体の信用・属性をもとに（個人の信用度も加えて）融資を受ける方法があります。

個人の属性をもとに融資を受ける（個人と法人を同一視する）というやり方は、個人の不動産賃貸業のバリエーションのひとつで、法人への融資としては特殊です。

一般的には法人への融資というと、決算書に基づいて企業としての価値を金融機関に見てもらい、不動産賃貸業という事業のために貸し付けを受けるわけです。

その場合は、もちろんアパートローンではなく、プロパーローンを使うことになります。プロパーローンの場合、基本的に**新設法人への融資は難しいので、1期または2期分は、法人を資産管理会社として機能**させます。

最初は法人所有の物件はありませんから、個人所有の物件を管理またはサブリース（家賃保証の賃貸契約）で運営する形式を取ります。そうやって不動産賃貸業の実績を作り上げ、その後、1期または2期分の決算書を見せて、金融機関への融資を依頼するわけです。

新設法人は現金購入か、日本政策金融公庫を活用せよ

もしも、不動産投資を最初から法人で開始したい場合、新設法人が収益物件をいきなりローンで購入することは難しいので（個人と新設法人を同一視して、個人の属性で融資を受けることも稀に可能だったりしますが）、**最初の2戸または3戸は現金で取得**します。

そうして、**現金で収益物件を購入して、法人で登記**をするわけです。現金購入で抵当権の付いていない物件を持つことのメリットとして、のちのちプロパーローンを狙いやすくなります。その場合の手順としては、次のようになります。

①2戸ないしは3戸程度を法人で所有する
②賃貸に出して不動産賃貸業としての事業の実績を作る
③その後、大きなサイズの物件をプロパーローンで取得する

また、2000万円以下の小さな物件を購入するのであれば、日本政策金融公庫（日本公庫）の融資も使いやすいでしょう。日本公庫を利用する場合でも、法人に所有物件や不動産賃貸業としての実績があったほうがベターだとは思います。ただし、新設法人が購入する1棟目でも、自己資金などの条件によっては検討してくれるようですので、トライす

る価値はあると思います。

日本公庫を活用するメリットは、利子が安いこともそうですが、**担保価値よりも事業性・収益性を重視**してくれる点です。

担保になる物件がまったく必要ないわけではありませんが、リフォーム費用などは担保を要求されないことが多いはずですし、少なくとも３００万円程度の融資なら、私は担保を要求されたことはありません。

ただし、基本的には融資額の半分の自己資金を持っていたほうがいいでしょう。そのためには、現金の存在を証明できる通帳があれば結構です。

決算書を見せて、プロパーローンを受ける

１期しか決算していないような新設法人の場合、融資のハードルはなかなか高いものです。しかし、少しでも実績ができてくれれば、融資を受けられる可能性が高くなりますので、ぜひいい成果をあげて、黒字決算にしておくことをお勧めします。

赤字決算でも融資を受けることが可能なこともありますが、基本的に黒字決算でないと融資しないという金融機関のほうが多いでしょう。

決算書というのは、いわば、その法人の「成績表」です。もしも赤字になりそうであれ

ば、黒字決算になるように、より経費を減らす努力をしましょう。逆に、経費を水増ししたり、売り上げを除外したりすることは、明らかな違法行為なので止めてください。

次に、決算書をどの金融機関に見せに行くかですが、その法人の登記住所か、代表者の居住地域を営業エリアとする**地方銀行や信用金庫**に依頼をするのがベストだと思います。

私がプロパーローンをお願いしている信金では、法人の場合はその代表者の住民票がある地域を管轄している支店が担当しています。そのあたりの事情は、個々の顧客や金融機関によっても変わってきますので、近くの金融機関に問い合わせるしかないでしょう。まずは、**あなたの住民票がある地域の支店に、電話で問い合わせ**をしてみてください。

銀行に融資をお願いする場合は、個人であれ法人であれ、まずは電話でアポを取ってから出向かなくてはなりません。次に、アポが取れたら、持って行くものを挙げておきます。

必須のアイテム　個人の確定申告書　2～3年分

法人の決算書　1～2期分

個人、法人で所有している物件資料（レントロール〈賃借条件一覧表〉とローン返済表）

準必須のアイテム　所有している物件の固定資産税評価
預金通帳
個人、法人の印鑑（融資の申し込みのために必要）

私の場合は、個人で融資を受けている信金のほうから、「会社への融資もさせてください」というお話をいただきました。このように、個人で融資を受けている金融機関であれば、法人への融資はぐんと通りやすくなるでしょう。

その理由は、金融機関にとって、素性が明かされている人や、そういう人が経営する会社に融資するほうが安心だからです。誰だって、知らない人に突然、大金を融資するなんてことできませんよね。法人の成績は決算書でわかるにしても、経営者個人としての人柄や事業に対しての取り組み方など、会ってみないとわからないこともたくさんあります。そういった面は、金融機関も情報が欲しいわけです。

ですから、初めての金融機関に行く場合には、その金融機関の顧客からの紹介を受けることは、とても理にかなっています。また、投資家のコミュニティーで融資の情報が得られる場合がありますが、近い地域の人であれば、金融機関への紹介をお互いにできるとなおいいですね。

43 法人の税務、節税は「青色申告」で行う

個人と法人を組み合わせて、しかも「片手間」で不動産投資を実践して拡大していくためには、会計や税務をいかに簡略化するか、ということも重要になってきます。

不動産投資・賃貸業は立派な事業ですから、会計をきちんと行うことは必須です。できれば、個人、法人で運営している不動産事業とも、**「青色申告」**をしたほうがいいでしょう。

所得税の確定申告には、白色申告と青色申告の2種類があります。白色申告は通常の申告で、原則として帳簿作成の義務はありません。一方、青色申告では、**「複式簿記」**という面倒な記帳で申告をすると、65万円の控除が受けられます（青色申告特別控除）。

青色申告によるメリットをシンプルに述べると、以下の3つです。

①個人、法人とも節税効果がある（青色申告特別控除、赤字の繰り越しができる）
②複式簿記によって、事業にかかるお金の流れがより正確にわかる
③青色申告をしていると、金融機関から融資を受けやすい

複式簿記のイメージ

仕事の取り引きを5つのグループに分類し、記録、集計する。

1. 資産：現金、預金、売掛金、
2. 負債：借入金、未払金
3. 資本：開業資金、運転資金
4. 費用：経費
5. 収益：売り上げ

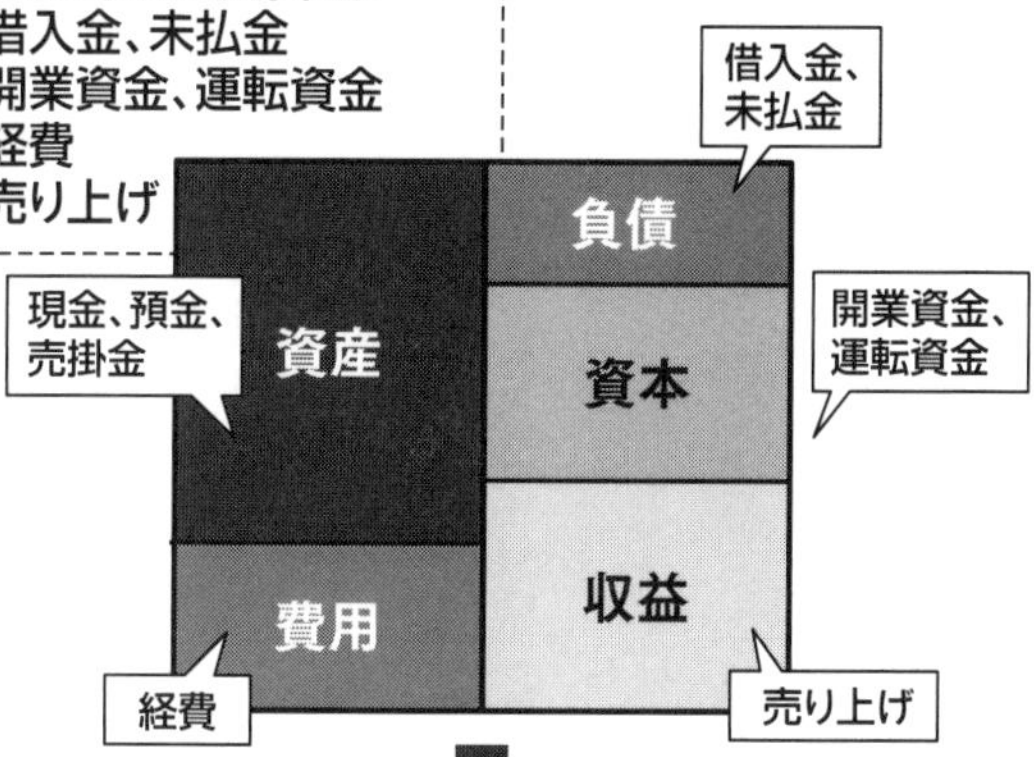

5つのボックスを上下に分けると、「貸借対照表」と「損益計算書」ができる
（以下は、利益が出た場合）

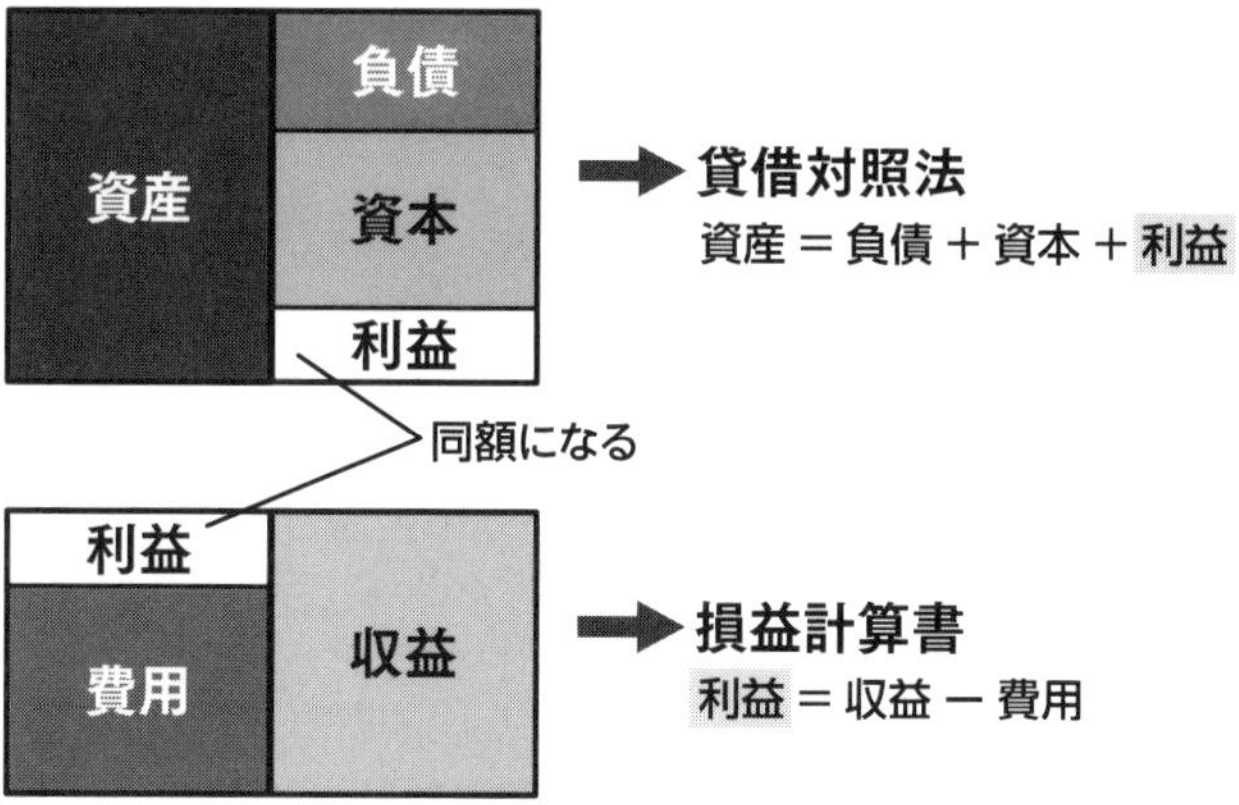

- 貸借対照表……資産や負債、資本の状態（財務状態）を示す計算表
- 損益計算書……一定期間の収益と費用を表し、経営成績を報告する計算書

複式簿記で会計を行って白色申告をするということもできますが、せっかくならば、いろいろと優遇規定のある青色申告を利用しましょう。複式簿記で会計を行うと、わかる人が見れば事業の状態が一目でわかります（私はあまり細かいところは理解できていませんが、それでも、複式簿記をざっと見れば事業全体の状態がつかめます）。

単純な損益計算書のみでは、資産の全体像がわからず十分ではありません。金融機関に見せる会計記録も複式簿記で記載したものでなければ、事業内容を把握するという目的を果たせないことがあります。あなた自身の勉強のためにも、複式簿記について多少は知っておくといいでしょう。

不動産は個人事業を法人に移行するのが難しい

事業と呼ばれるものは一般的に、個人事業から、会社を設立して法人化した時点で、個人で行っていた会計の大部分を法人へ移行します。そのため資産の一部に個人としての名義が残ることはあっても、法人に現物出資や売却などをして、個人事業は終了するわけです。

これについては、どのような事業であっても会計や資産の移行をしますし、物品や備品などを個人・法人間で売買することもできますので、特に問題なく個人事業のものを法人へと移行していくことができます。

ところが、不動産に関しては、個人のものを法人へ移すには、所有権の移転登記をしないといけません。それには、司法書士に手続きを頼み、不動産取得税や譲渡税、贈与税など申告納税もかかわってきます。そのため、よほどの理由がない限り、登記まで移行させることはしないでしょう。

手続きや納税といった事情から、不動産賃貸業については、どうしても個人と法人の事業が並立してしまうのです。私自身、個人と法人で所有する不動産について、なんとか登記を変えずに、あとから作った法人に一本化できないものか、いろいろと考えてみました。

ですが結論として、税務署が登記をもって所有権として判断している以上、その判断に合わせるしかありません。**個人で始めた不動産は個人のもの、法人で始めた不動産は法人のもの**というわけです。現時点では、個人事業と法人の事業を組み合わせて、事業を拡大していくのがベストだと考えるようになりました。

法人の税務を依頼するときの2つのパターン

法人を設立して不動産投資・賃貸業を行っている人も、もともとは個人事業として行っていたというケースが多いと思います。

法人の税務は、税理士や会計事務所に依頼するのが効率的です。

このとき、個人で依頼している事務所と同じところにお願いするか、または違う事務所に依頼するかについては、それぞれ一長一短があります。

私の場合は個人事業と法人は同じ事務所でお願いしていて、それぞれ年間約10万円で顧問契約しています。また、以前には個人的な事情があり、2つの事務所にお願いしていたこともあります。

個人と法人が同じ事務所ですと、顧問料金を割安にしてもらうように交渉できたり、個人と法人のバランスを見て**経営計画を一緒に考えてもらえたりするメリット**があります。

一方、**個人事業と法人とで別の事務所に顧問を依頼した場合、それぞれ別の意見が得られる**というメリットがあります。どの税理士、会計士にも、それぞれ得意な分野とそうでない分野がありますので、2つの事務所に顧問を依頼することで税務・会計の得意な分野を広げられ、そうでない分野をカバーできる可能性があります。

それに、個々の税理士、会計士によっても意見が食い違うことはよくありますので、いわゆる**セカンドオピニオンとして、いろいろと質問や相談**をしていくのもいいと思います。

個人と法人とで、同じ事務所に顧問を依頼するかどうかは、それぞれのメリットを考慮して検討してみてください。

44 法人を利用して節税する3つのポイント

法人を利用して節税をするために、必要な条件はいくつかあります。状況に応じて、よりベストの節税対策を選択していきましょう。

法人自体の維持費については、会計を外注すると会計費と法人住民税の均等割で、最低でも20万円弱はかかります（221ページのコラムで解説）。となると、それを補って余りあるだけの節税ができないと、法人を節税のために利用する意味がありません。

節税するためには、ある程度の給与所得か不動産賃貸業以外の個人事業の所得があったほうが効果が高いですし、家賃収入自体もある程度の金額がないと有効な節税は達成できません。

ただし、細かな数字については、個々の人の給与所得、個人事業所得や家賃収入、そして収益物件が個人所有なのか法人所有なのかなどによって変わってきますので、ここではあえて触れないことにします。

不動産賃貸業の節税のやり方としては、一般的に3つの方法がありますので、それらについて解説していきます。

①法人が、個人の不動産の資産管理をする
②個人から法人に貸して、法人が又貸しするサブリース
③法人自体が不動産を所有する

■ ①法人が、個人の不動産の資産管理をする

個人で所有している収益物件の資産を法人が管理して、管理費を個人から法人へと支払うパターンです。

このとき法人の代表者があなたである場合、あなた個人で所有している物件を、あなたが代表をしている法人で管理するわけですから、ちょっと不思議な感じもします（さらに法人があなたひとりとなると、ひとりで大家と資産管理会社の代表を担うわけです）。

これについては特に脱法行為ではありませんし、極めて合法だと思われます。ただし、同族会社（3人以下の株主によって会社の経営を担い、株主の家族や親族で占められている場合が多い）に対しては、常に増税の動きがあり、ときどき税制改正も行われていますので、税理士事務所などと相談しつつ、税務処理などを実行するようにしてください。

資産管理の具体的な方法としては、あなたの合同（または株式）会社で収益物件の収支や運営状況を把握し、工事や事業全体の方針を立てつつ、不動産賃貸業の運営をします。

家賃収入については、会社の口座に入れてもらうのがベターですが、収益物件を個人名義のローンで購入していると、融資している銀行からNGを出されたりします。

あまり多くのことをあなたの会社で行うことは難しくても、少しでも業務を会社のほうで行うようにしましょう。**会社で業務を行うときには、契約などもできるだけ会社で実行し、出てくる領収書も会社名義**にしてください。

なお、あらためてここでいう「管理」について説明すると、管理会社がやっているような「現物管理」のことではなく、「資産管理」のことです。

法人が個人の不動産を管理する場合、現物管理と資産管理では、その手間には明らかに差があります。あなたの法人が現物管理も含めて行うのなら、個人から法人へと支払う管理料は、家賃収入の10～15％程度が可能だと思われます。

しかし、資産管理だけの場合は、10％を個人から法人へ支払うのでは、多すぎて問題が生じるかもしれません。

私自身は、資産管理を行っている法人に対して、**私個人から家賃収入の3％を管理費**として支払っています。いろいろと情報を集めると、「資産管理なら5％まで」とか「7％

まで」といった数字が出てきて、税理士によっても見解は違ってくるようです。

ただし私の見解としては、最低限、「現物管理費＞資産管理費」という計算式にすべきだと思っています。現物管理を家賃収入の5％以下のような低価格で依頼しているわけですから、資産管理だけで10％ですと、さすがに多いと感じてしまいます。

②個人から法人に貸して、法人が又貸しするサブリース

この方法は、個人で所有している収益物件を一棟まとめて法人に賃貸して、法人のほうで個々の入居者に又貸しする方法です。いわゆるサブリースと呼ばれる形式です。

サブリースでは、一棟まとめて法人で借りて、物件の所有者である個人に対して家賃を保証することになります。

一般的には、法人が家賃収入の総額から15～20％差し引いた金額で借り受け（この時点で個人に対しては家賃保証をする）、それを法人が入居者に貸すというシステムです。

つまり、入居率が下がると、法人が受け取る差額が小さくなってしまいます。入居率を高く維持することができなければ、法人が受け取る収入が小さくなり、節税の意味がなくなってしまいます。

サブリースを実践するうえでもっとも重要な点は、あなたの合同（または株式）会社が

まとめて一棟を借り上げ、**個々の入居者とあなたの会社が賃貸借契約をしっかりと結び直す**必要があるということです。

20戸以上といった規模の大きい収益物件だと、個々の入居者と新たに契約を結び直すには、労力が必要です。このあたりが、①の資産管理よりもハードルが高い部分ですね。ただし、**家賃収入の20％程度までは法人の収入に替えられます**ので、より節税効果は高くなります。

また、この方法の大きなメリットとしては、個人で所有している収益物件のローンが残っていても、まったく問題なく実行できることです。

結局のところ、一般的にはアパートローンを中心に投資を開始していく以上、投資初期には個人名義の物件が増えていきます。物件やローン自体の名義が個人のままでも節税効果が高いこの方法は、常に意識しておいて損はありません。

入退去時に、新たな入居者との賃貸借契約を法人名で結び直していくのも、ひとつの作戦です。

③法人自体が不動産を所有する

不動産賃貸業の節税という目的では、この方法がもっとも効果が絶大です。

物件そのものを法人で所有する（法人で登記する）わけですから、法人が家賃収入のすべてを受け取り、そのまま法人の収益となります。融資を利用して収益物件を購入する場合には、融資の名義も法人の名義となります。

会社を設立して法人名義で融資を受ける方法については前述しましたが、それが可能になると、不動産投資を拡大するためだけでなく、節税の面でもバリエーションが広がります。

法人で収益物件を所有すると、家賃収入はすべて法人の口座に入ります。そのまま法人の利益になってしまうと、法人税が30～40％かかってしまいますが、実際には建物の減価償却費やローンの利子などが経費になりますし、役員報酬を支払ったりすれば、それも経費になります。自動車の燃料費や交際接待費である外食の費用なども、**事業に必要なものであれば、すべて経費**にすることができます。

建物の減価償却費が大きかったり、ローンの利率が高かったりすると、それぞれ経費としての金額が大きくなるため、法人の決算は赤字になってしまうかもしれません。その場合は、**赤字部分を7年間に渡り繰り越す**こともできます。

すると、黒字になったときにその赤字分を利用して会計上の所得を下げて、法人税を安くすることも可能です。ただし、その法人で融資を利用したい場合には、赤字での決算だとまずい場合もありますので、そのあたりは税理士事務所などとも相談してみてください。

45 収益物件ごとに法人を設立するメリット

さらにユニークな方法として、物件ごとに法人を設立するという手もあります。実際にそのような方法で法人を利用している投資家もいます。特に、合同会社であれば設立自体が簡単で、あまりお金もかかりませんから、現実的にメリットはあります。

1つ目のメリットは、**消費税還付が可能**である（かもしれない）ことです。建物にかかる消費税を還付することは、以前には個人でも可能でしたが、その後、法人でないとできなくなりました（現在でも制度自体が流動的です）。

ただし、不動産投資における消費税還付については、その分野で実績がある税理士事務所などでないとアドバイスしづらいかもしれません。自分でインターネットを使って調べるか、前述のようにメルマガを配信している投資家などにたずねてみるといいでしょう。

2つ目のメリットは、**法人を譲渡することによって、もれなく収益物件も譲渡**できることです。これはちょっと特殊なので、ノウハウはあまり出回っていないと思います。

まずは、法人には収益物件を所有・賃貸経営する機能のみを持たせて、ほかの事業はさせません。もしも収益物件を売却したい場合には、法人ごと売却し、そのときの価格は法人の値段そのもの（所有している不動産価格などから算出）とします。

そうすると、会社の登記事項の変更は必要になりますが、不動産に対する新たな登記は必要なく、不動産に対する登録免許税や不動産取得税の支払いが生じません。

この2つの税金だけで数十万円から数百万円かかるところが無料になるわけです。この方法は、頭の片隅に置いておいて決して損はないでしょう。

ただし、法人を買い取るといった特殊な事業だとおそらく融資が利用できませんので、現金調達の面ではそれなりに難しいかもしれません。この場合、買主は法人の株式（会社の資産）を取得することになります。会社の資産である不動産を買い取るとしても、不動産取得のためのローンは利用できないわけです。

個人名義の不動産を法人に売りたいと考えたら

法人を利用した不動産投資・賃貸業を開始するようになると、個人名義の不動産を法人に売却したいと考えるようになるものです（私も考えました）。

しかし、前述したように、個人名義の不動産を法人に売却することは可能ですが、簡単ではありません。

理由のひとつに、登記の移転を行うために、登録免許税と不動産取得税がかかるという点があります。収益物件の価格が億単位になれば、この2つの税金だけで500万円といった金額になることがあります。ですから、**土地と建物をそのまま法人に売却することは、税金の面から見るとマイナス**が大きいです。

2つ目に、ローンが残っている場合です。この場合には銀行に相談して確認する必要があります。ローンの支払いが終了している場合には、抵当権を外すことができますので問題はないです。

さて、個人の収益物件を法人に売却するメリットが生じるのは、実は、個人で所有してから10年、20年と時間が過ぎてからのことが多いです。

なぜなら、法定耐用年数が終了しているかあるいは終了しつつあり、減価償却ができなくなってくるからです。それに、融資を利用していた場合には利子が少なくなってくることで、経費化できる部分が減って、会計上の所得が増えてしまいます。

このような**収益物件の建物のみを個人から法人へと売却**することで、法人所有の物件に変えることができます。

また、**土地については売却せずに個人所有のまま**とし、個人の納税地の所轄税務署長に、**土地の無償返還の届出**（借地契約後に土地を無償で返還する届出）を出します。この届出をすることで、通常は発生する権利金の収受に伴う課税を防ぐことができます。

そして、法人から個人へと借地代を支払うようにし、相当の地代として固定資産税等の3～5倍にします。

ポイントは建物の所有権のみを個人から法人へ

このように収益物件の建物の所有権のみを個人から法人に移転する方法は、多少複雑な要素がありますので、概念的にざっくり覚えて、実際に行うときには税理士と相談しながら進めたほうがいいと思います。

この方法で、個々の入居者からの家賃収入は法人の収入となりますので、個人の場合と同様に法人の所得は、当然増えるはずです。

ただし、法人でしたら、役員報酬や給与を用いた所得の分散も可能ですし、事業形態によってはかなり多くの種類の経費を計上できますから、**最終的な所得は個人の場合よりも小さく**なると思います。

また、法定耐用年数が終了した（あるいは、終了しつつある）建物の簿価は非常に低く、固定資産税評価額も同様に低いため、建物の登記が個人から法人へと変わっても、登録免許税や不動産取得税は安くて済みます。こういった事情からも、やって損は少なく、メリットのほうが大きい方法です。

耳寄りコラム4 法人の維持費はどれくらいかかる?

合同会社、株式会社の設立費用については、株式会社のほうがかなり高くなりますが、それぞれの会社の維持費については、大した差はありません。ただし、株式会社は役員の任期が10年までという制限がありますので、最低でも10年に1回、役員の再任の登記をする際に、登記費用がかかります。

そのほかの費用としては、**法人住民税の均等割が1年間に最低7万円程度**(自治体によって変わります)、**事務所の維持費や税務・会計のための費用**などがかかります。

私の場合は、法人と個人で事業を営んでいて、法人のほうは自己所有の戸建を事務所として利用し無料。個人事業のほうは自宅のすぐ近くに事務所を月額6万円で賃借しています。

このほか、税理士事務所への年間報酬が法人と個人で合計20万円、非常勤秘書の人件費が40万円ほどかかっています。

なお私は、法人の決算を黒字にしておきたいので、無理をして節税はしていません。というのも、融資の面で赤字だと不利になることがあるからです。**決算で黒字であることが融資の必要条件となる金融機関もあります**ので、私は黒字決算にはこだわっています。ただし、金融機関によっては、不動産賃貸業は減価償却費が大きくて赤字になりやすいことを勘案して、赤字が減価償却費や設備投資によるものである場合には、それを考慮して融資を検討してくれるところもあります。

このあたりについては、**赤字にしておいて税金を払わない方向にすることも間違いではない**ので、法人の利益は、投資家個々の考えによってコントロールをしていけばいいと思います。

おわりに

「手間は最小、成果は最大」を目指し、拡大路線を走っていく『「片手間」投資』は、いかがでしたでしょうか。年収に関係なく、誰にでもできる投資メソッドをお伝えしてきたつもりです。ご自分でも試してみたくはなりませんか？

この投資法は、忙しい本業をお持ちの方でも、その本業を大切にしながら、不動産賃貸業のプロフェッショナルとなり、そして時には会社も設立していくというメソッドです。

実際に私は、医師の仕事をしながら、家庭の仕事も妻と折半して、プロフェッショナルの不動産賃貸業者として活動しています。平日は毎日、メールマガジンを配信し、こうして本を書き上げました。最近では、古物商の免許も取りましたので、大好きな車にかかわって中古自動車の販売もやっていきたいという目標があります。

さすがにこれらの活動をしていると、たびたび睡眠の少ない日が出てくるのがネックですが、やりたいことを満喫しているので、決してつらくはありません。充実感のほうが大きいです。

ただし、本業と不動産投資だけに限れば、それほど大変ではありません。「はじめに」でも申し上げましたが、私が不動産賃貸業にかける時間は、週に1時間もありません。「片手間」投資を正しく実践すれば、5棟でも10棟でもいくらでも、あなたのコントロール下に置けるはずです。そして物件数が増えるほど、1棟にかける時間効率は上昇していきます。

もしも私に質問や相談など連絡を取りたいという方は、メルマガ「精神科医のアパマン経営」(http://www.mag2.com/m/0001186450.html)にご登録いただき、お送りするメルマガに返信をしてみてください。私までメールが届きます。お便りをくださった方にはできるだけお答えしています。

それでは、みなさんもぜひ「片手間」投資に挑戦して、奮闘し、成果をあげられることを祈っています！

サイコ大家《おおや》

【著者略歴】
現役の精神科医。1970年代、やや貧乏なサラリーマン家庭に育つ。公立の小中高に進学し、国立大学の医学部を卒業。精神科医になり、約10年。2児の父親となる。2007年よりひとり静かに戸建賃貸から不動産投資を開始し、現在は妻にも知られずに5棟のアパートとマンション（札幌、岐阜、鈴鹿、伊勢）、合計102戸を所有。満室時の年間家賃収入は5360万円。「サイコ大家」名義にて、人気メルマガ「精神科医のアパマン経営」を発行。また、ツイッター（@psychooya）による発信も好評。

週《しゅう》1時間《じかん》で月収《げっしゅう》5倍《ばい》の家賃収入《やちんしゅうにゅう》！「片手間《かたてま》」投資《とうし》

2012年2月 8日　初版第1刷発行
2012年4月23日　初版第2刷発行

著者 ……… **サイコ大家**

発行者 ……… 新田光敏
発行所 ……… ソフトバンク クリエイティブ株式会社
〒106-0032　東京都港区六本木2-4-5
電話03-5549-1201（営業部）

イラスト ……… 小島サエキチ
デザイン ……… ごぼうデザイン事務所
組版 ……… アーティザンカンパニー株式会社
印刷・製本 …… 萩原印刷株式会社

落丁本、乱丁本は小社営業部にてお取り替えいたします。
本書の内容に関するご質問等は、小社学芸書籍編集部まで書面にてお願いいたします。
　ISBN 978-4-7973-6828-4